# o desafio ambiental

# [os porquês da desordem mundial]
*mestres explicam a globalização*

O *nó econômico*

O *desastre social*

O *descompasso entre as nações*

O *desafio ambiental*

*Perspectivas*

CIP-Brasil. Catalogação na fonte
Sindicato Nacional dos Editores de Livros, RJ.

G625d
7ª ed.

Gonçalves, Carlos Walter Porto, 1949-
O desafio ambiental / Carlos Walter Porto-Gonçalves; organizador Emir Sader. – 7ª ed. – Rio de Janeiro: Record, 2019.
(Os porquês da desordem mundial. Mestres explicam a globalização).

Inclui bibliografia
ISBN 978-85-01-06941-2

1. Globalização – Aspectos ambientais. 2. Meio ambiente. 3. Homem – Efeito do meio ambiente. 4. Natureza. I. Sader, Emir, 1943-. II. Título. III. Série.

04-1187

CDD – 304.2
CDU – 504.03

**[os porquês da desordem mundial]**
*mestres explicam a globalização*

Organização: Emir Sader

# o desafio ambiental
## Carlos Walter Porto-Gonçalves

7ª edição

EDITORA RECORD
RIO DE JANEIRO • SÃO PAULO
2019

[os porquês
da desordem mundial
mestres explicam a globalização]

Organização: Emir Sader

# O desafio ambiental
Carlos Walter Porto-Gonçalves

Copyright © Carlos Walter Porto-Gonçalves, 2004

Capa e projeto gráfico: EVELYN GRUMACH

Texto revisado segundo o novo Acordo Ortográfico da Língua Portuguesa.

Direitos exclusivos desta edição cedidos pela Distribuidora Record para a
EDITORA RECORD LTDA.
Rua Argentina, 171 – Rio de Janeiro, RJ – 20921-380 – Tel.: (21) 2585-2000

Impresso no Brasil

ISBN 978-85-01-06941-2

Seja um leitor preferencial Record.
Cadastre-se no site www.record.com.br
e receba informações sobre nossos
lançamentos e nossas promoções.

EDITORA AFILIADA

Atendimento e venda direta ao leitor:
sac@record.com.br ou (21) 2585-2002

*A Josué de Castro*

*Por antecipar uma abordagem que, mais tarde, será conhecida como socioambiental, característica do pensamento ambiental latino-americano, ainda que olvidado pela maioria daqueles que se apresentam como seus próceres. A abordagem ecológica invocada por Josué de Castro está longe do ecologismo de Primeiro Mundo, na medida em que recusa a distinção entre o natural e o social, entre natureza e cultura, entre o ambiental e o político. Josué de Castro está entre aqueles que, no pós-guerra, dedicaram a vida para que a problemática da fome fosse tomada numa perspectiva ecológica — biológica, social, cultural e política — e, ao mesmo tempo, vista como um problema nacional e mundial. Ele foi um dos responsáveis pela criação da FAO, organismo das Nações Unidas para Agricultura e Alimentação, órgão que dirigiu.*

## SUMÁRIO

**APRESENTAÇÃO 9**

### I. A natureza da globalização e a globalização da natureza
1. Globalização, que imagem é essa? A Terra é um globo — a força da (imagem) globalização. **13**
2. Como se configura a nova fase da pilhagem da natureza (e do trabalho) em face da globalização neoliberal? **20**
3. Meio ambiente *ou* desenvolvimento? Meio ambiente *e* desenvolvimento? Ou para além das dicotomias? **24**
4. Há limites para a relação das sociedades com a natureza? **27**
5. Os limites da técnica ou qual o papel da técnica na superação do desafio ambiental contemporâneo? **36**
6. Quais as implicações para os destinos do planeta e da humanidade da privatização do mundo da ciência e da técnica? **45**
7. Há limites ao mercado do ponto de vista ambiental? **53**
8. Por que o território se coloca como questão central no debate acerca do desafio ambiental contemporâneo? **65**
9. Qual a nova geopolítica de controle da natureza que se desenha no período neoliberal? **72**

### II. O homem
10. Quais as implicações ambientais da dívida externa? **79**
11. Quais os impactos ecológicos da urbanização? **82**

12. Fome e meio ambiente: quais as consequências do atual modelo agrário-agrícola de uso dos recursos naturais? **85**
13. Quais são as implicações ambientais específicas do atual modelo agrário-agrícola? **99**
14. Como o complexo oligárquico agroquímico "absorveu" as críticas pós-Revolução Verde? **107**
15. Por que poluição genética? **112**
16. Que novas relações se colocam, hoje, entre soberania nacional, soberania popular e diversidade biológica? **118**
17. Em que consiste o aquecimento global e quais suas implicações políticas? **121**
18. O ambiente como *commodity*: há contradições nas soluções liberais de troca da dívida externa por natureza? **127**
19. Que nova divisão ecológico-territorial do trabalho vem se configurando no mundo? **129**
20. As novas relações entre instituições multilaterais, corporações multinacionais do petróleo e grandes ONGs na regulação dos recursos naturais à escala planetária: ligações perigosas? **137**
21. Um "novo" ciclo da água? Água não se nega a ninguém. **146**
22. Como se configura a desordem ecológica vista a partir das águas? **152**
23. De onde emergem as forças para enfrentar o desafio ambiental contemporâneo? **161**

**Bibliografia 173**

**O autor 179**

# [ APRESENTAÇÃO ]

Não foi simples fazer um livro sobre o desafio ambiental numa coleção como esta. Afinal, trata-se de uma coleção que procura honrar o que há de melhor na tradição do pensamento crítico ao capitalismo. Os demais livros abordam temas clássicos na história desse pensamento crítico — a economia, a injustiça social, o imperialismo, a política —, e o fato de incluir o desafio ambiental nos indica que o pensamento de esquerda está buscando se reencontrar com os problemas práticos (e teóricos) de seu tempo. Nessa tradição, entretanto, a problemática ambiental não tem gozado de muito prestígio e tem sido invocada, quase sempre, de um modo instrumental, tático, enfim, muito mais como uma acusação aos males do capitalismo. Não é esse o enfoque que aqui o leitor vai encontrar. Aqui se procura analisar a natureza, e a sua relação com as sociedades, como um valor no sentido filosófico que a palavra comporta. Nenhuma sociedade escapa da natureza e, por isso, devemos cuidar como *bonus pater familias* para que ela seja uma condição da existência das gerações futuras. A expressão *bonus pater familias*, assim mesmo em latim, foi invocada por Marx, ele que ainda criticara seus correligionários que redigiam o Programa de Gotha quando diziam que só o trabalho cria riqueza. O trabalho e a natureza criam riqueza, retrucou Marx, retomando, assim, o que havia de melhor nos fisiocratas. Enfim, aqui a natureza será tratada mais do que como uma crítica ao capitalismo, mas como um valor fundamental da humanidade e, exatamente por isso, nos alinhamos entre aqueles que buscam superar o capitalismo na medida em que ele coloca a humanidade e o planeta em risco.

Quero registrar aqui meus agradecimentos especiais a Priscila Santos, a Emir Sader, a Luciana Villas-Boas, a Bruno Meschesi e a meus colegas do Laboratório de Estudos de Movimentos Sociais e Territorialidades (Lemto) da UFF. À minha esposa, Marcia, agradeço a paciência e, mais que tudo, o carinho que me fortalece.

Itaipu, Niterói, Rio de Janeiro, Brasil, América Latina, Terra, Sistema Solar, Via-Láctea, Universo, enfim um quase-nada-no-mundo, em 11 de março de 2004

CARLOS WALTER PORTO-GONÇALVES

# I. A NATUREZA DA GLOBALIZAÇÃO E A GLOBALIZAÇÃO DA NATUREZA

## 1. Globalização, que imagem é essa? A Terra é um globo — a força da (imagem) globalização.

Estávamos nos fins dos anos 1950 e o cosmonauta russo Yuri Gagarin, pela primeira vez, viu a Terra do espaço. "A Terra é azul", disse. Os Estados Unidos, sentindo-se parcialmente vencidos na corrida espacial (e tecnológica), desencadearam, então, um ousado projeto espacial que culminaria com a nave *Apollo* — afinal, tratava-se de se mostrar mais bonito —, que desceria anos mais tarde (1969) suavemente na Lua. A Terra era azul, redonda e pequena, olhada daquele ponto de vista!

Essa imagem se tornaria um duro golpe na visão antropocêntrica. Nós, que nos considerávamos senhores do mundo, pelo menos na versão da Renascença europeia, nos víamos passageiros de um pequeno planeta — a nave Terra. A Terra era um planeta finito solto num espaço infinito; essas ideias começam a deixar de ser conceitos filosóficos e científicos para se tornar Imagem. E, a partir dessa época, a Imagem tornar-se-ia cada vez mais poderosa.

A ideia de que estamos imersos num globo já não é apenas fruto da capacidade de abstração, a partir da qual havíamos feito globos terrestres de plástico, de ferro, de papelão ou de madeira que manipulávamos nas escolas. Não. Agora estamos imersos num globo solto no espaço, mas um globo que lá está, objetivamente, e que nos foi colocado por uma objetiva que a fotografou. A Terra é um globo!

Além de ser azul, redonda e finita, a Terra não tem fronteiras, a não ser as da natureza, como a das nuvens que são móveis, evanescentes; ou a dos oceanos e dos continentes, assim mesmo diluídas, vagas. A ideia de globalização, que bem parecia superar todas as barreiras, se mostra algo banal. A globalização naturaliza-se!

Afinal, a Terra está lá, solta no espaço, nua, natureza pura! As diferenças entre os povos não aparecem. Poderosa imagem essa que sobrevaloriza o planeta e esconde os povos, as culturas. A ideia de que estamos diante de um *constructo* cultural, cuidemo-nos, não nos deve escapar, até porque, nas diversas imagens que se projetam da Terra no espaço, lá está a haste do satélite de onde ela foi fotografada. A técnica paira por sobre a imagem. Por trás da objetiva há, sempre, alguém olhando, observando. No caso, um poderoso sistema técnico como suporte de quem olha e comunica — o satélite com suas objetivas.

Todos os dias recebemos, via satélite, pelos meios de comunicação, o mundo editado aos pedaços, o que contribui para que construamos uma visão do mundo que nos faz sentir, cada vez mais, que nosso destino está ligado ao que acontece no mundo, no planeta. Globalização, mundialização, planetarização são palavras que, cada vez mais, começam a construir uma nova comunidade de destino, em que a vida de cada um já não se acharia mais ligada ao lugar ou ao país onde se nasceu, pelo menos, não do mesmo modo que antes.

A Terra será mais globalizada do que nunca. A natureza da globalização não poderia ter ido mais longe nos corações e mentes.

Não nos deve escapar que essa recusa da escala local e a idealização da escala global dizem muito sobre quem são os protagonistas que fazem essa valorização/desvalorização. Não são os camponeses, por exemplo, que desvalorizam a escala local, tampouco os indígenas, os afrodescendentes, ou os povos da África, da Oceania e da Ásia, muitos dos quais têm suas culturas construídas numa relação mais próxima com a natureza e com fortes singularidades locais. A sobrevalorização da escala global atinge seu auge por intermédio da afirmação daqueles que se afirmam por meio dessa escala global: as grandes corporações *transnacionais*, as organizações multilaterais — o Banco *Mundial*, o Fundo Monetário *Internacional*, a Organização *Mundial* de Comércio, as organizações não governamentais, todas instituições (e os sujeitos e grupos que as mantêm) que se afirmam deslocando o papel dos estados nacionais (e os sujeitos e grupos que os sustêm). Desnaturalizemos, pois, esses termos tão emblemáticos: transnacionais — internacional — mundial — não governo (escala) nacional. Assim, globalização não é um termo neutro.

A imagem da Terra como um globo não cai num vazio quando começa a ser mais amplamente usada. Afinal, a ideia de um mundo integrado que superasse as limitações locais sempre acompanhou o humanismo europeu, sobretudo após o Renascimento e a instauração do sistema-mundo moderno-colonial.

Também no Manifesto Comunista de 1848 pode-se ler a exaltação das possibilidades que se abriam para a humanidade, com a superação pelo capitalismo das limitações locais e mesmo nacionais, pois, com o desenvolvimento das suas forças produtivas, "tudo que é sólido se desmancha no ar". Conclamou-se: "Proletários *de todo o mundo*, uni-vos!" Fundaram-se a I, a II, a III e a IV *Internacionais* e acreditava-se, de maneira muito menos crítica que hoje, no caráter emancipatório que a ciência e a técnica proporcionariam à humanidade. Falava-se mesmo, sem nenhuma preocupação maior, no caráter civilizatório da ciência tal e qual praticada na Europa Ocidental.

A expansão do capitalismo revestia-se, deste modo, de uma aura de missão civilizatória e, então, absolviam-se o etnocídio e o genocídio cometidos contra os povos da África, da Ásia e da América Latina, considerados primitivos e atrasados e, assim, assimilados à natureza — selvagens (da selva) e bárbaros (para os romanos, os que falam como se fossem aves) — estava justificada a sua dominação. A burguesia estaria cumprindo uma missão civilizatória ao destruir povos atrasados.

Ainda nos anos 1960 podia-se ouvir, nas *barricadas no desejo* do Maio de 1968, o brado *Abaixo as fronteiras*. Nos anos 1970, o sr. Jacques Maisonrouge (Barnet e Müller, 1974), executivo da multinacional IBM, diria: "Fazemos nosso o brado de 68; abaixo as fronteiras" — afirmando que o fazia, inclusive, por razões ecológicas, na medida em que a natureza não respeita as fronteiras entre os Estados.

Como se vê, a partir de pontos de vista tão diferentes — iluminista burguês, marxista, anarquista, ecologista e, até mesmo, de um grande executivo de uma multinacional —, é grande o fascínio da ideia de globalização como superação das fronteiras e das barreiras locais e nacionais.

Não nos deve surpreender, portanto, o fascínio que a ideia de globalização vem adquirindo, sobretudo, nos últimos trinta-quarenta anos, quando uma nova revolução nas relações de poder por meio da tecnologia — particularmente, no campo das comunicações — tornou possível as condições materiais de imposição de um mesmo discurso à escala planetária com o estabelecimento de um verdadeiro oligopólio mundial das fontes emissoras de comunicação, tal como a revolução energética com a máquina a vapor proporcionara as condições para um novo estágio de globalização da natureza a partir do século XVIII.

Não era a primeira vez que o homem saltara da Terra, estabelecendo um olhar de sobrevoo (Arendt, 1989). Essa imagem talvez seja a mais radical ideia do pensamento moderno-colonial que os europeus impuseram a si próprios e ao mundo. Agora, vista do alto, ela aparece sem fronteiras, e aquele mundo que o Maio de 1968 também quisera sem fronteiras verá surgir, em julho de 1969, a sua própria contraimagem, com a afirmação de mais um mundo a ser colonizado, conquistado, a começar pela Lua, que assim começa a perder seu romantismo. Na Lua finca-se uma bandeira e não é a bandeira do mundo — é a bandeira dos EUA!

Assim, à politização e à contracultura de Maio de 1968 contrapõe-se a técnica de julho de 1969! A tensão permanece. A razão comunicativa e a razão instrumental (J. Habermas), a razão e a emoção, terão que ajustar suas contas, seja se negando, seja dialogando. A razão objetiva e a razão intersubjetiva não serão mais as mesmas desde então. Há que se buscar outras racionalidades! Enrique Leff propõe uma racionalidade ambiental, em que essas razões específicas possam se encontrar por meio da cultura e da autonomia dos povos.

Ao mesmo tempo, o desafio ambiental será apropriado de um modo muito específico pelos protagonistas que vêm comandando o atual período neoliberal de uma perspectiva essencialmente econômico-financeira. Esses afirmam que o *Abaixo as fronteiras* corresponde à dinâmica da natureza, na medida em que esta não respeitaria as fronteiras entre os países e, assim, legitimaria políticas de caráter liberal, como aquelas propostas pela Organização Mundial do Comércio (OMC). Assim, a globalização neoliberal seria natural. A globalização da natureza e a natureza da globalização se encontram.

Como se vê, estamos muito longe das respostas *à la carte* que nos são oferecidas por um ecologismo ingênuo, embora muitas vezes bem-intencionado, que a mídia manipula sabiamente, convidando-nos a cuidar do lixo nosso de cada dia ou daquela espécie que está ameaçada. Faça a sua parte, convidam-nos, como se a parte de cada um na injustiça ambiental que impera no mundo fosse semelhante à de todos; como se o todo fosse a soma das partes.

Com a questão ambiental estamos diante de questões de claro sentido ético, filosófico e político. Que destinos dar à natureza, à nossa própria natureza de seres humanos? Qual é o sentido da vida? Quais os limites da relação da humanidade com o planeta? O que fazer com o nosso antropocentrismo quando olhamos do espaço o nosso planeta e vemos como ele é pequeno e quando entendemos que somos apenas uma dentre tantas espécies vivas de que nossas vidas dependem?

Dizer que a problemática ambiental é, sobretudo, uma questão de ordem ética, filosófica e política é desviar de um caminho fácil que nos tem sido oferecido: o de que devemos nos debruçar sobre soluções práticas, técnicas, para resolver os graves problemas de poluição, desmatamento, erosão. Esse caminho nos torna prisioneiros de um pensamento herdado que é, ele mesmo, parte do problema a ser analisado. Existe uma crença acrítica de que sempre há uma solução técnica para tudo. Com isso ignoramos que o sistema técnico inventado por qualquer sociedade traz embutido em si a sociedade que o criou, com as suas contradições próprias traduzidas nesse campo específico. Essa crença ingênua no papel redentor da técnica é uma invenção muito recente na história da humanidade — da Revolução Industrial para cá — e faz parte do ideário filosófico do Iluminismo. Esses últimos duzentos anos culminam, hoje, com a necessidade de se repensar a relação da humanidade com o planeta. Vivemos a sociedade de risco (Giddens e Beck).

Eis o caminho, mais difícil sem dúvida, que haveremos de percorrer se quisermos sair das armadilhas de noções fáceis que nos são oferecidas pelos meios de comunicação, como "qualidade de vida" ou "desenvolvimento sustentável", que, pela sua superficialidade, preparam hoje, com toda a certeza, a frustração de amanhã. O debate ambientalista, por sua vez, adquire fortes conotações esquizofrênicas, em que a extrema gravidade dos riscos que o planeta enfrenta contrasta com as pífias e tímidas propostas do gênero "plante uma árvore", promova a "coleta seletiva de lixo" ou "desenvolva o ecoturismo". Dessa forma, aquele estilo de consumo e modo de produção que nos anos 1960 se chamou criticamente de "lixo ocidental" está hoje reduzido a projetos de coleta seletiva do lixo do "lixo ocidental" — agora mantido sem crítica. Estaríamos, assim, abandonando a crítica do projeto civilizatório europeu (burguês, branco, machista) como, nos anos 1960, se fez com a crítica à ideia de desenvolvimento, ideia-chave do constructo moderno. Nos anos 1980, caminhamos para a ideia de "desenvolvimento sustentável" e, na década de 1990, para a ISO 14000, "selo verde", projetos de coleta seletiva de lixo ou de ecoturismo. Entretanto, esse é um projeto de globalização que vem sendo construído por cima, pelos de cima, para os "de cima", para usarmos a topologia de que gostava Florestan Fernandes, mas há um outro projeto de globalização que vem aproximando sindicalistas, ecologistas, mulheres, indígenas, afrodescendentes, camponeses, *rappers*, sem-terra, sem-teto, *okupas*, palestinos, judeus, árabes, mapuches, quéchuas, aimarás, galegos, catalães, bascos, operários, moradores da periferia... desde Seattle, Gênova, Porto Alegre, Cancún, Índia, conforme veremos. Tudo indica que estamos imersos num momento de bifurcação histórica, como diria Ilya Prigogine, em que múltiplas possibilidades se apresentam. É notório que, seja qual for o projeto (ou projetos) que se afirme a partir do *mundo-que-aí-está*, terá que incorporar a dimensão ambiental, até pelos riscos que o capitalismo — sobretudo no período neoliberal dos últimos trinta anos — colocou para a humanidade e para o planeta. Esperamos nos encontrar nas últimas páginas com uma outra imagem e mais fortalecidos para enfrentar o desafio ambiental contemporâneo.

## 2. Como se configura a nova fase da pilhagem da natureza (e do trabalho) em face da globalização neoliberal?

A dinâmica da sociedade capitalista, quando considerada na sua inscrição territorial — enfim, na sua materialidade —, mostra, além de sua insustentabilidade ambiental, sua insustentabilidade política. Não só as leis da termodinâmica e a produtividade biológica primária do planeta têm sido, até aqui, completamente ignoradas por um irrealista otimismo tecnocêntrico moderno-colonial como se pressupõe que as matérias-primas e a energia, fruto do trabalho das populações dos países do Terceiro Mundo, devem continuar fluindo no mesmo sentido e direção da geografia moderno-colonial, ou seja, para os países e classes ricas dos países ricos ou para as classes ricas das regiões ricas dos países pobres.

Toda a questão passa a residir, então, em como garantir o suprimento permanente de matéria e energia numa quadra histórica em que o colonialismo e o imperialismo já não se sustentam moral e eticamente. Afinal, a ideia de que os homens são iguais, ideia-chave da revolução política que funda a modernidade, encontra, nos marcos liberais, enorme dificuldade para se estender além dos territórios europeus ou europeizados (Estados Unidos e Canadá), enfim, para a América Latina e o Caribe, para a África e a Ásia. A modernidade é inseparável da colonialidade.

Na América Latina e no Caribe, a colonialidade sobreviveu ao colonialismo, por meio dos ideais desenvolvimentistas eurocêntricos, ocupando os corações e mentes das elites *criollas*, brancas ou mestiças nascidas na América. A exportação de matérias-primas agrícolas e minerais com base na exploração das melhores terras, por meio de latifúndios produtivos, e das melhores *ilhas de sintropia*[1] (jazidas) — nesses casos, quase sempre, com o recurso de empresas das antigas metrópoles —, continuou mantendo a escravidão negra e a servidão indígena, mesmo após a independência política formal. Enfim, a colonialidade sobreviveu ao colonialismo. Ainda se continua querendo ser de Primeiro Mundo.

O período imperialista, também fossilista e fordista por sua inscrição material e dependente da exploração generalizada da natureza — sempre por meio do trabalho concreto de homens e mulheres de carne e osso, nunca é bom esquecer —, culminou após 1945 com amplas lutas de libertação nacional tanto na Ásia e na África (descolonização) como na América Latina (neocolonialismo). As denúncias contra a exploração dos recursos naturais consagraram expressões como *pilhagem* (Pierre Jalée) e *saque* dos recursos naturais pelos países industrializados contra os países não industrializados.[2]

O nacionalismo, quase sempre invocando uma ideologia de justiça social, em alguns casos se afirmando como socialista — como à época a Guerra Fria convidava —, se tornou uma poderosa arma contra o colonialismo e o imperialismo. O suprimento de matérias-primas e energia para os países industrializados corria risco.

Assim, por todos os lados, o capitalismo, em sua fase de globalização fossilista fordista imperialista, se via questionado. Lá mesmo no centro do sistema-mundo moderno colonial, nos EUA e na Europa Ocidental, a contracultura acusava o "mal-estar da civilização" não pelo que o

---

[1] Altas concentrações de matéria e/ou energia na crosta terrestre, aproveitáveis pelo homem.
[2] Os arquivos de Sevilha registram que, entre 1503 e 1660, foram da América para a Europa 185 toneladas de ouro e 16 mil toneladas de prata (Kennedy, 1988)! Deixo ao leitor a curiosidade de calcular o montante em dólares atuais dessa pilhagem.

capitalismo em seu polo mais desenvolvido não oferecia mas, ao contrário, pelo que oferecia — criticava-se, abertamente, o consumismo como estilo de vida (*hippies* e *beatniks*), assim como o militarismo; por outro lado, os socialistas questionavam a desigualdade e a exploração; os nacionalistas, em geral, reivindicavam o direito ao desenvolvimento (sustentado, como se dizia à época), e tinham na denúncia da exploração dos recursos naturais por "potências imperialistas" um forte apelo.

Observemos que tanto as vertentes nacionalistas como as socialistas questionam o *sub*desenvolvimento, expressão interessantíssima para a análise que propomos, na medida em que indica que o que se vislumbra como horizonte de superação do *sub*desenvolvimento é o desenvolvimento. Atentemos que o prefixo *sub-* indica que se questiona o *aquém* de um modelo que, em si, não está sendo questionado. Sem o saber, reiteravam a colonialidade que pensavam combater. Observe-se que, quando se questiona a desigualdade, o objetivo parece ser a igualdade, e assim permanecemos nos marcos do pensamento eurocêntrico. Todos querem ser desenvolvidos como a Europa e os EUA e, assim, o horizonte está marcado pela colonialidade do saber e do poder, posto que não se consegue pensar fora dos marcos desse pensamento moderno-colonial. Já, aqui, pensamento único!

Logo, tanto pelo lado da oferta (bens de consumo) como do lado da demanda (recursos naturais), assim como pela desigual distribuição da riqueza, o modelo fordista fossilista do capitalismo em sua fase imperialista não consegue mais se sustentar ética e moralmente. A poluição e o esgotamento dos recursos naturais passam a ser temas de interesse, inclusive de grupos empresariais, como o caso do Clube de Roma.

Dessa forma, o período atual, de globalização neoliberal, difere dos outros períodos que o antecederam pela especificidade do desafio ambiental que o acompanha e que, também, o constitui. Afinal, até os anos 1960, a *dominação da natureza* não era uma questão e, sim, uma solução — o desenvolvimento. É a partir desse período que intervém explicitamente a *questão ambiental*.

Os desafios que se colocavam a partir daí para os países que sempre se beneficiaram do padrão de poder assimétrico do sistema-mundo moderno-colonial eram enormes: como continuar mantendo o fluxo de matérias-primas e de energia sem o qual o capitalismo fossilista e fordista, e o padrão assimétrico de poder que lhe é inerente em escalas local, nacional e internacional, não consegue se reproduzir?

Como permanecer com a colonialidade do saber e do poder, quando já não se pode justificar abertamente a superioridade de uma raça sobre outra, de um povo sobre outro, sobretudo depois que os europeus experimentaram na própria carne o significado desse discurso, com o arianismo antissemita dos nazistas? Como e por que os recursos naturais devem continuar fluindo do Sul para o Norte? A globalização neoliberal é uma resposta de superação capitalista a essas questões, para o que, sem dúvida, procura, à sua moda, apropriar-se de reivindicações como o direito à diferença, para com ele justificar a desigualdade e, também, assimilar à lógica do mercado a questão ambiental. Entretanto, o período histórico de globalização neoliberal que legitimou a questão ambiental é, paradoxalmente, aquele que levou mais longe a destruição da natureza. Jamais, em um período de trinta anos, em toda a história da globalização que se iniciou em 1492, foi tamanha a devastação do planeta!

## 3. Meio ambiente *ou* desenvolvimento? Meio ambiente *e* desenvolvimento? Ou para além das dicotomias?

O desafio ambiental está no centro das contradições do mundo moderno-colonial. Afinal, a ideia de progresso — e sua versão mais atual, desenvolvimento — é, rigorosamente, sinônimo de *dominação da natureza*! Portanto, aquilo que o ambientalismo apresentará como desafio é, exatamente, o que o projeto civilizatório, nas suas mais diferentes visões hegemônicas, acredita ser a solução: a ideia de *dominação da natureza*. O ambientalismo coloca-nos diante da questão de que *há limites para a dominação da natureza*. Assim, além de um desafio técnico, estamos diante de um desafio político e, mesmo, civilizatório.

A ideia de *desenvolvimento* sintetiza melhor que qualquer outra o projeto civilizatório que, tanto pela via liberal e capitalista como pela via social-democrata e socialista, a Europa Ocidental acreditou poder universalizar-se. *Desenvolvimento* é o nome-síntese da ideia de *dominação da natureza*. Afinal, ser desenvolvido é ser urbano, é ser industrializado, enfim, é ser tudo aquilo que nos afaste da natureza e que nos coloque diante de constructos humanos, como a cidade, como a indústria. Assim, a crítica à ideia de desenvolvimento exigia que se imaginassem outras perspectivas que não as liberais ou socialistas ou, pelo menos, que essas se libertassem do desenvolvimentismo que as atravessa. Por fazerem a crítica a essa ideia-chave de desenvolvimento, os ambientalistas, com frequência, se veem acusados de querer voltar ao passado, ao estado de natureza, enfim, de ser contra o progresso e o... desenvolvimento. A ideia de progresso é de tal forma parte da hegemonia cultural tecida a partir do Iluminismo, que mesmo aqueles que se consideram os maiores críticos da vertente burguesa da modernidade — isto é, do capitalismo —, se assumem como *progressistas*, e é com base nesses fundamentos que criticam os ambientalistas. Assim, progressistas de todos os matizes, dos liberais a marxistas produtivistas, se apresentam criticamente diante dos ambientalistas.

Os anos 1950-60 comportam essa ambiguidade com relação à ideia de desenvolvimento, cujos efeitos se sentirão no novo período do processo de globalização que se seguirá. É que naqueles anos se questiona o *desenvolvimento* lá mesmo onde ele parecia ter dado certo — isto é, na Europa e nos Estados Unidos —, no momento em que essa ideia estará sendo recuperada na América Latina, na África e na Ásia, quando ganha corpo a teria do subdesenvolvimento (Yves Lacoste, Celso Furtado). Desse modo, o desenvolvimentismo se difundia no Terceiro Mundo ao mesmo tempo que o desenvolvimento era questionado no Primeiro.

A principal crítica que até então havia sido feita ao desenvolvimento provinha do marxismo, que assinalava o caráter necessariamente desigual em que se fundava o desenvolvimento capitalista. Assim, havia a crítica à desigualdade do desenvolvimento, e não ao desenvolvimento como tal. Desse modo, os que criticavam a desigualdade do desenvolvimento contribuíam para fomentá-lo, na medida em que a superação da desigualdade, da miséria, se faria com mais desenvolvimento. O progresso, dizia-se, era um direito de todos!

Todos parecem ter direito ao desenvolvimento, que se transforma em uma imposição, em vez de opção. Aqui se confundem duas questões diferentes, com graves consequências para a superação dos problemas contemporâneos, entre eles o desafio ambiental: a ideia de igualdade parece só poder ser contemplada com o desenvolvimento — todos temos direito à igualdade —, sem que nos indaguemos acerca *dos diferentes modos de sermos iguais*, como as diferentes culturas e povos que a humanidade inventou ao longo da história atestam.

Assim, vemo-nos diante de um desses paradoxos constitutivos do mundo moderno-colonial, em que a superação da desigualdade se transforma, na verdade, numa busca de igualdade para todos... segundo o padrão cultural europeu norte-ocidental e norte-americano. Pareceria até mesmo absurdo dizer que todos têm direito a serem iguais... aos ianomâmis, ou aos habitantes da Mesopotâmia (*Al Iraq*, em árabe). Entretanto, o aparente absurdo só o é na medida em que a colonização do pensamento nos fez crer que há povos atrasados e adiantados, como se houvesse um relógio[3] que servisse de parâmetro universal. Assim, se confundem luta contra a injustiça social com luta pela igualdade, conforme uma visão eurocêntrica, enfim, um padrão cultural que se crê superior e, por isso, passível de ser generalizado. Com isso, contribui-se para que se suprima a diferença, a diversidade, talvez o maior patrimônio da humanidade.

Entre a crítica ao desenvolvimento que se fazia nos anos 1950-60 na Europa e nos EUA e a sua recuperação com a crítica ao subdesenvolvimento no Terceiro Mundo, o desenvolvimento globalizou-se, sob o patrocínio de agentes que se afirmam à escala global, como as oligarquias financeiras e industriais com suas empresas sediadas no Primeiro Mundo, aliadas a importantes setores das *burguesias nacionais desenvolvimentistas* do Terceiro Mundo, das oligarquias latifundiárias (a Revolução Verde lhes foi uma bênção), assim como dos gestores estatais civis e militares nacionalistas.

---

[3] Na verdade há um parâmetro, sim, que meridianamente, sem e com ironia, diz a hora certa do mundo — Greenwich. Não sem sentido, Greenwich é um subúrbio de Londres, ele mesmo marco da hegemonia britânica a partir do século XIX, que substitui um outro meridiano — o de Tordesilhas —, que havia servido de marco da hegemonia ibérica. A história se geografiza, vê-se.

Dessa forma, sob os auspícios do Banco Mundial e outros organismos supranacionais, serão construídas grandes hidrelétricas em vários cantos do mundo, estradas serão abertas por todo lado, indústrias se transladarão por regiões que antes as desconheciam, assim como a Revolução Verde colonizará os espaços agrários na América Latina, na Ásia e na África. Mais uma vez, como desde sempre, a modernização foi colonização.

Canalizou-se, assim, o profundo sentimento emancipatório que vinha das lutas pela descolonização, contra a miséria e contra a injustiça, e ofereceu-se, de novo, como solução, *mais do mesmo*, isto é, *mais desenvolvimento*.

Até mesmo muitos ambientalistas abandonaram a contracultura, fonte de inspiração do seu movimento e que assestara duras críticas à própria ideia de desenvolvimento, e aceitaram dialogar com essa ideia, como as propostas de ecodesenvolvimento (M. Strong e I. Sachs) e, depois, com a de desenvolvimento sustentável (G. Brundtland). O desenvolvimento bem vale uma missa!

O desafio ambiental continua a nos convidar à busca de alternativas *ao* e não *de* desenvolvimento. A experiência do desenvolvimento dos últimos trinta-quarenta anos nos obriga a isso, e as lutas sociais que se travam desde os anos 1960, contra as quais se bate a globalização neoliberal, nos oferece caminhos.

## 4. Há limites para a relação das sociedades com a natureza?

O debate acerca dos limites começou a vir a público — e a se tornar um debate propriamente político — a partir de uma série de manifestações que denunciavam os riscos que a humanidade e o planeta passaram a correr em função de um modelo de desenvolvimento que não considerava devidamente os limites para a intervenção humana na natureza.

A contaminação por mercúrio na baía de Minamata no Japão, em 1951, com o consequente envenenamento de mais de duas mil pessoas que consumiram o pescado local, mostrou tragicamente que a espécie humana não escapa da cadeia alimentar, como um antropocentrismo exacerbado chegou a acreditar. Assim, a problemática dos rejeitos começa a ganhar dimensão política.

Em finais dos anos 1960, o Clube de Roma, criado por um grupo de empresários e executivos transnacionais (Xerox, IBM, Fiat, Remington Rand, Olivetti, entre outras), colocou em debate, entre outras questões, o lado da demanda por *recursos não renováveis*. O Relatório Meadows, patrocinado pelo Clube de Roma e elaborado por cientistas de uma das mais renomadas instituições acadêmicas norte-americanas, o Massachusetts Institute of Technology (MIT), apresenta um título ilustrativo: *The limits to growth* (*Os limites do crescimento*).[4] Embora partindo de uma hipótese simplificadora, o documento assinalava o tempo necessário para o esgotamento dos recursos naturais, caso fossem mantidas as tendências de crescimento até então prevalecentes.

Assim, o ambientalismo começava a ganhar o reconhecimento do campo científico e técnico, e, com isso, o próprio campo ambiental começa a se tornar mais complexo, na medida em que é capturado por um discurso, como o técnico-científico, que era objeto de duras críticas por parte do movimento da contracultura. Desde então, veremos aproxi-

---

[4] De certa forma, retoma-se, em outros termos, um debate já colocado por John Stuart Mill no século XIX, então denominado crescimento estacionário.

mações e tensões, no interior do campo ambiental, entre perspectivas mais técnico-científicas e outras mais abertamente preocupadas com questões culturais e políticas.

É importante recuperar essa origem do ambientalismo na contracultura e toda a tensão que se estabelece com o *modo de produção de verdades* no interior da sociedade moderno-colonial, onde a ciência e a técnica ocupam um lugar de destaque. Afinal, se por cultura entendemos um conjunto de saberes e valores que empresta sentido às práticas sociais, a contracultura indica, exatamente, a busca de outros sentidos para a vida. Ora, o discurso científico e técnico se constituíra exatamente como o discurso de verdade (da Verdade, com maiúscula, prefere-se) no mundo moderno-colonial e, com isso, trouxera a desqualificação de outros saberes, de outros conhecimentos, de outras falas. O que se vê com o Relatório Meadows e *Os limites do crescimento* é o deslocamento da questão ambiental, enquanto questão cultural e política, e sua assimilação por parte da lógica técnico-científica que estava sendo, ela mesma, criticada.

A ideia de que haveria que se colocar limites ao crescimento seria ainda reforçada anos mais tarde quando alguns cientistas, como Ulrich Beck e A. Giddens, começam a falar de "sociedade de risco" para designar as contradições da *sociedade moderna*.[5]

A caracterização da sociedade como "sociedade de risco" traz um componente interessante para o debate acerca do desafio ambiental, na medida em que aponta para o fato de que os riscos que a sociedade contemporânea corre são, em

---

[5] É interessante observar que Giddens e Beck não falam em sociedade moderno-colonial. Afinal, são europeus, e a clivagem que contraditoriamente constitui o que chamam modernidade — seu lado colonial — é olvidada.

grande parte, derivados da própria intervenção da sociedade humana no planeta (reflexividade), particularmente das intervenções do sistema técnico-científico. Assim, sofremos, reflexivamente, os efeitos da própria intervenção que a ação humana provoca por meio do poderoso sistema técnico de que hoje se dispõe.

Já não é mais contra a natureza que devemos lutar (se é que é de luta contra a natureza que deveríamos tratar) mas, sim, contra os efeitos da própria intervenção que o próprio sistema técnico provoca. Lembremos aqui a fina observação do geógrafo Milton Santos (1996) quando nos adverte que não há sistema técnico dissociado de um sistema de ações, de um sistema de normas, de um sistema de valores, sinalizando para que não o reifiquemos afirmando uma ação do sistema técnico como se ele se movesse por si mesmo, sem que ninguém o impulsionasse.

Deste modo, é possível observar que há um modelo de ação humana, o da racionalidade instrumental forjado na Europa Ocidental, sobretudo a partir dos séculos XVII e XVIII, que ao se expandir pelo mundo está colocando em risco o planeta inteiro, ainda que distribuindo de modo desigual seus benefícios e prejuízos, como o demonstram as duas versões até aqui apresentadas concretamente dessa racionalidade instrumental — o capitalismo monopolista de Estado, de corte mais liberal e privatista, e o capitalismo de Estado monopolista, como o nome sugere, mais centralizado no Estado, que até recentemente foi conhecido como socialismo real.

Com o advento do ambientalismo após os anos 1960, cresce a consciência de que há um risco global que se sobrepõe aos riscos locais, regionais e nacionais. Não olvidemos, todavia, que os riscos já vinham sendo sentidos nos bairros pobres, mesmo em países ricos, nas regiões mais pobres, mesmo nos países mais ricos, e nos países pobres, mesmo num mundo rico. Tudo indica que estamos diante não só de uma reflexividade que deriva da consciência de que nossas ações estão, reflexivamente, nos atingindo, como também que o planeta é um só e a desordem localizada em determinados bairros, regiões e países não fica confinada a esses lugares, regiões e países pobres, de pobres. Há limites para esse modelo, portanto.

Eis-nos diante de uma questão central para o desafio ambiental: trata-se de um risco para todo o planeta e para toda a humanidade na exata medida em que tenta *submeter o planeta e a humanidade a uma mesma lógica*, sobretudo de caráter mercantil, que traz em si mesma o caráter desigual por estar atravessada pela *colonialidade do poder*.

Quando se sabe que 20% dos habitantes mais ricos do planeta consomem cerca de 80% da matéria-prima e energia produzidas anualmente, vemos-nos diante de um modelo-limite. Afinal, seriam necessários cinco planetas para oferecermos a todos os habitantes da Terra o atual estilo de vida que, vivido pelos ricos dos países ricos e pelos ricos dos países pobres, em boa parte é pretendido por aqueles que não partilham esse estilo de vida. Vemos, assim, que não é a população pobre que está colocando o planeta e a humanidade em risco, como insinua o discurso malthusiano.

A promessa moderna de que os homens e mulheres, sendo iguais por princípio, são iguais na prática não pode concretamente ser realizada se a referência de estilo de vida para essa igualdade for o *american way of life*. Mais do que nunca vemos que a modernidade é colonial, não só na medida em que não pode universalizar seu estilo de vida, mas pelo modo como, pela colonização dos corações e mentes, procura instilar a ideia de que é desejável e, acima de tudo, possível que todos se europeízem ou americanizem. Entretanto, esse estilo de vida só pode existir se for para uma pequena parcela da humanidade, sendo assim, na sua essência, injusto. Mahatma

Ghandi já indagara: "Para desenvolver a Inglaterra foi necessário o planeta inteiro. O que seria necessário para desenvolver a Índia?"

É, assim, enorme o risco que se coloca para toda a humanidade e todo o planeta quando se unifica ou se pretende unificar um mesmo estilo de vida. A homogeneização é, deste modo, contrária à vida, tanto no sentido ecológico quanto cultural. O que a espécie humana — *homo sapiens sapiens* — fez ao longo de sua aventura no planeta foi construir diferentes sentidos culturais para suas práticas, a partir de diferentes vivências com diferentes ecossistemas e as variadas trocas entre culturas que ao longo da história pôde experimentar.

Estamos, sim, diante de uma mudança de escala na crise atual de escassez (por poluição) do ar, de escassez (por poluição) de água, de escassez (limites) de minerais, de escassez (limites) de energia, de perda de solos (limites) que demandam um tempo, no mínimo, geomorfológico, para não dizer geológico, para se formarem, enfim, elementos (ar, água, fogo, terra) que estavam dados e de que a cultura ocidental e ocidentalizada acredita poder prescindir. O efeito estufa, o buraco na camada de ozônio, a mudança climática global, o lixo tóxico, para não falar do lixo nosso de cada dia, são os indícios mais fortes desses limites interpostos à escala global.

Agora não é mais uma cultura ou um povo que põe em risco sua própria existência, como a história registra. Não, a globalização de uma mesma matriz de racionalidade, comandada pela lógica econômica em sentido estreito, nos conduz inexoravelmente a uma economia que ignora sua inscrição na terra, no ar, na água, no solo, no subsolo (nos minérios), nos ciclos vitais das cadeias alimentares, de carbono, de oxigênio... e, assim, a humanidade toda, embora de modo desigual, está submetida a riscos derivados de ações decididas por alguns e para benefício de alguns. O desafio ambiental, vê-se, requer outros valores — solidariedade, generosidade, equidade, liberdade, democracia de alta intensidade.[6]

Há aqueles, como Georgescu-Roegen, Elmar Altvater e Enrique Leff, entre outros, que afirmam que o limite da intervenção humana no planeta é dado pelas leis da termodinâmica. O século XIX viu, pela primeira vez, a formulação dos princípios da termodinâmica, que sinalizava a questão que mais tarde viria a se tornar das mais importantes para o desafio ambiental: em toda transformação da matéria há, sempre, dissipação de energia por calor,[7] por exemplo, e, assim, perda da capacidade de trabalho. Desse modo, não seria ilimitada a capacidade de transformação da matéria, conforme se acreditou.

"O tempo não para", disse o poeta Cazuza, e a destruição da matéria pode, também, ser irreversível. Como diz o provérbio polonês, é possível fazer sopa de peixe a partir de um aquário, mas nunca fazer um aquário a partir de uma sopa de peixe. Além disso, advertem-nos vários cientistas, a capacidade de regeneração de um determinado sistema — resiliência — não é ilimitada. O otimismo tecnológico que o século XIX nos legou sofre, assim, pesados golpes.

A criatividade humana inventou o termostato, que liga e desliga automaticamente, permitindo à máquina recuperar as condições para continuar a trabalhar. Deste modo, acreditamos poder fazer, sempre, com tudo e em todas as escalas, como se o que ocorre numa determinada escala fosse válido para qualquer escala e para o todo. O planeta, por exemplo, não

---

[6]Inspiro-me, aqui, em Boaventura de Sousa Santos (2002), que vê na crise da democracia atual a crise de uma democracia que é débil, que é de baixa intensidade, e que devemos buscar uma democracia de alta intensidade que amplie o espectro dos que devem decidir os seus próprios destinos.
[7]O aquecimento global da Terra estaria sendo uma manifestação dessa dissipação de calor.

tem termostato e o seu equilíbrio advém da energia solar contínua e renovada e da fotossíntese das plantas, algas e fitoplânctons, que opera em sentido contrário à entropia (neguentropia). Logo, se o segundo princípio da termodinâmica aponta no sentido da desordem, o organismo vivo, a vida, ao contrário, é auto-organização, e é tanto mais equilibrada quanto maior a diversidade, maior a complexidade, tal como a *physis* como um todo.

Até recentemente, acreditávamos que a vida era dependente de uma série de condições físicas e químicas, e não que a vida enquanto tal é uma emergência evolutiva (Angel Maya, 2000) que inscreve uma nova ordem de coisas na *physis* e, com isso, interage ativamente, e não passivamente, com o mundo físico-químico.

A floresta amazônica, por exemplo, não é simplesmente um efeito da pluviosidade abundante, da insolação intensa, ou de solos ricos, condições que a floresta consome. Não. A floresta participa do clima, o conforma, com a evapotranspiração, com a fixação de carbono (em média setenta toneladas por hectare), redefinindo a relação da incidência da radiação solar com a refração dessa energia (albedo). Interfere, assim, não só no balanço hídrico da região pela evapotranspiração como no equilíbrio térmico, e contribui para o equilíbrio dinâmico do clima global.

A vida é também responsável pelo equilíbrio dinâmico do planeta. O conhecimento dessas complexas relações pode (e deve) ter importantes implicações de ordem ética e política, sobretudo quando começamos a manejar os combustíveis fósseis com a segunda revolução prometeica — a Revolução Industrial. Com ela, uma espécie viva — o homem — começou a usar amplamente energia solar acumulada sob a forma mineral, produzida num tempo geológico de milhões de anos e que um motor a explosão, em fração de segundos, faz dissipar-se. Aqui, mais uma vez, a vida biológica, por meio de um artefato criado pelo homem, interfere nas condições de equilíbrio dinâmico do planeta, produzindo efeitos não pretendidos e indesejáveis — efeito estufa, camada de ozônio —, testando seus limites, tal como havia feito com a agricultura e com a primeira revolução prometeica: o domínio do fogo.

Entretanto, sabemos, não é o conhecimento das leis da termodinâmica que nos fará conter os riscos que, reflexivamente, a sistematização global moderno-colonial está promovendo, como tampouco é o conhecimento das leis da gravidade que faz com que não nos lancemos do alto de um edifício. Como nos alerta Elmar Altvater,

> (...) só saberemos tudo quando for cientificamente tarde demais para evitar uma catástrofe climática ou a destruição das espécies. A ciência positivista é uma "ciência *ex post*", por precisar estar diante do acontecimento para poder analisá-lo com seus métodos refinados. As tendências são separadas de seus contextos, portanto, também não há prognósticos acerca do desenvolvimento do todo sobre a base de análises e diagnósticos de suas partes (Altvater, 1995: 302-3).

É preciso resgatar um sentido que os gregos reservaram para limites — pólis. Pólis é como, originariamente, designavam o muro com que delimitavam a fronteira entre cidade e campo. Assim, pólis era o *limite* entre a cidade e o campo. Somente depois passou a designar o que estava contido no interior do muro — a cidade. Entretanto, a pólis, a política, a cidade, a cidadania mantêm um vínculo íntimo com aquele significado originário. É que política é a arte de definir os limites: tirania é quando um define os limites para todos; oligarquia é quando poucos definem os limites para todos e democracia é quando todos participam da definição dos limites.

Desse modo, é preciso resgatar a política, no seu sentido mais profundo de arte de definir os limites, que, como vimos, só é plena na democracia. Não há limites imperativos à relação das sociedades com a natureza. Esses limites, necessariamente, haverão de ser construídos entre os homens e mulheres de carne e osso por meio do diálogo de saberes entre modalidades distintas de produção de conhecimento, seja no interior de uma mesma cultura, seja entre culturas distintas. A espécie humana haverá de se autolimitar! Os limites são, antes de tudo, políticos!

## 5. Os limites da técnica ou qual o papel da técnica na superação do desafio ambiental contemporâneo?

A técnica é vista, quase sempre, como mediadora entre a sociedade e a natureza, como se fosse uma esfera distinta (tecnosfera). Entretanto, as técnicas se inscrevem como parte das relações dos homens (e mulheres) entre si e com a natureza. Os homens e mulheres não se encontram somente diante de desafios interpostos pela natureza, mas pelos desafios que colocam para si próprios.

A máquina, enquanto sistema técnico, é um objeto que já traz embutida a intencionalidade (um objetivo) nos próprios procedimentos técnicos que se comandam entre si (correias de transmissão, polias, engrenagens, linhas de montagens). Isso nos faz crer que a máquina aparece como automática, fazendo invisíveis seus verdadeiros comandos, que lhes são externos, tornando assim impessoal a relação de dominação; daí, em grande parte, o equívoco comum de se condenar a técnica, ou de se condenar o seu uso, como se fosse possível uma técnica sem uso. Uma técnica sem uso é um absurdo lógico!

Assim, cabe aqui uma reflexão acerca de uma visão que banaliza a relação entre a técnica e a vida, e que contribui para a aceitação do seu caráter neutro. Já ouvimos que uma faca pode servir para o ato de comer, assim como para matar; que pode servir para o bem ou para o mal e que o problema não está na técnica em si, mas no seu uso. Há, aqui, algumas questões que merecem ser assinaladas: a primeira diz respeito à escala, à dimensão dos efeitos da ação — uma coisa é uma faca; a outra é um avião, que pode servir tanto para transportar pessoas como para explodir o World Trade Center e o Pentágono e também para bombardear Bagdá como um B-52. Os efeitos da ação de usar uma faca são incomparáveis aos de usar uma máquina a vapor, assim como os tanques, mísseis. Além disso, sublinhe-se, a faca é um artefato técnico à disposição de praticamente todos e exatamente por isso o seu poder é mais difuso e, paradoxalmente, limitado. Já as *armas inteligentes* e de destruição em massa, como as que recentemente se abateram sobre o Iraque, não estão à disposição de todos igualmente.

Uma crítica à técnica, mesmo que a uma técnica específica, é, sempre, uma crítica às intenções nela implicadas e, assim, se introduz uma tensão, uma dubiedade, lá mesmo onde se acreditava haver uma ação simplesmente racional e unívoca e, por isso, inquestionável. Entretanto, toda técnica, sendo *meio*, está a serviço de um *fim*, seja um arco e flecha, seja uma enxada, seja um míssil!

Toda técnica é um sistema organizado, ordenado, visando ao maior controle que se possa ter dos seus efeitos. Todavia, a técnica está, sempre, inscrita num mundo complexo, a *physis*, onde convivem caos e ordem. Demócrito, filósofo pré-socrático, já nos ensinara que *na natureza tudo é acaso e necessidade*, o que a ciência moderna virá, sobretudo no século XX, a reconhecer. Há, sempre, um componente de incerteza inscrito nas relações dos homens e mulheres, socialmente, com a natureza. Os efeitos vaca louca e estufa, as transferências de metais pesados na cadeia alimentar, assim como os sucessivos acidentes aéreos, em usinas nucleares, em refinarias de petróleo ou com navios petroleiros são alguns exemplos de como o princípio de incerteza, formulado inicialmente por Heisenberg para a física, tem um alcance muito mais amplo e deve ser mais cuidadosamente levado em consideração.[8] O princípio da precaução é uma das derivações éticas possíveis do princípio da incerteza de Heisenberg.

Numa sociedade constituída por relações sociais e de poder contraditórias, as técnicas trazem embutidas suas contradições sociais e políticas. Aqui, a ideia de que há intencionalidade impregnada nas técnicas (Santos, 1996) ganha um outro sentido, radical: é que, estando a sociedade constituída de relações contraditórias, a intencionalidade traduz-se em técnicas que comportam não só as suas contradições, mas diferentes potencialidades contraditoriamente possíveis.

Para dominar a natureza, como mandam os fundamentos da sociedade moderno-colonial, é preciso que se dominem os homens, sem o que a natureza não pode ser dominada. Para que a natureza possa ser submetida, numa sociedade fundada na propriedade privada da natureza, é preciso que haja um

---

[8] Cada vez mais se aceita que estamos imersos em sistemas de alta complexidade. Os estudiosos do complexo sistema implicado na aviação procuram investigar de qualquer modo todos os acidentes já ocorridos — análises das caixas-pretas — e introduzir novas variáveis. Quanto mais novas variáveis e novos processos são considerados, maior é a complexidade dos sistemas e, assim, mais os sistemas se aproximam da realidade da *physis* cuja característica é, exatamente, a imprevisibilidade. Quanto mais complexo é um sistema, mais imprevisível ele é. Isso nos faz lembrar do mapa do tamanho do Império do famoso conto de Borges.

conjunto de técnicas que faça com que cada um aceite essa ideia como *natural* (como, por exemplo, sacerdotes ou juristas dizendo que a propriedade privada é sagrada ou é natural). Há técnicas jurídicas e pedagógicas para isso. As técnicas, vê-se, não se restringem ao campo das relações dos homens e mulheres com a natureza.

A ideia de desenvolvimento, tal como existe na sociedade moderno-colonial, pressupõe a dominação da natureza, mas, para isso, é preciso que se construam determinadas condições jurídicas e políticas para que as técnicas de dominação da natureza possam se desenvolver.

Assim, *des*-envolver é tirar o envolvimento (a autonomia) que cada cultura e cada povo mantêm com seu espaço, com seu território; é subverter o modo como cada povo mantém suas próprias relações de homens (e mulheres) entre si e destas com a natureza; é não só separar os homens (e mulheres) da natureza como, também, separá-los entre si, individualizando-os. Não deixa de ser uma atualização do princípio romano — *divide et impera* —, mais profunda ainda na medida em que, ao *des*-envolver, envolve cada um (dos desterritorializados) numa nova configuração societária, a capitalista. O urbano é o *oikos*, por excelência, de uma sociedade mercantil.

*Des*-envolvimento é, deste modo, uma mudança radical — é *des*-envolver. Várias foram as técnicas sociais e políticas empregadas para promover esse *des*-envolvimento: os *enclousers*, o cercamento dos campos, ou melhor, a privatização das terras de uso comum, tão bem descrito por Thomas Morus em sua *Utopia*; os massacres que expulsam camponeses e indígenas de suas terras; a guerra biológica (vírus lançados sobre comunidades indígenas); as migrações forçadas de africanos para todo o mundo; e, hoje, bem pode ser a criação de uma unidade de conservação ambiental com a expulsão de populações que tradicionalmente habitam essas áreas.

Na sociedade capitalista, a técnica visa ao aumento de produtividade, o que já implica um tempo próprio, o da concorrência. Quanto maior o controle sobre o processo de trabalho, maior a possibilidade de se atingir o objetivo. Desta forma, ganha um sentido mais claro ainda a ideia de que a técnica deve ser um *objeto per-feito*, isto é, um objeto *feito previamente* para atingir um fim determinado e, deste modo, visa a eliminar o indesejado, o acaso, a imprevisibilidade, a incerteza. A substituição do homem pelo robô é mais uma tentativa de se eliminar esse elemento imponderável — no caso, o próprio homem.

Assim, numa sociedade como a capitalista, toda técnica tem que comportar essa dupla dominação: sobre a natureza e sobre os homens e mulheres ao mesmo tempo.

Entretanto, impor aos outros o seu próprio tempo nem sempre é possível e aceitável, sobretudo por aqueles que se colocam do outro lado[9] e que, por isso, sempre são vistos em relação ao tempo hegemônico, seja como atrasados, indolentes e preguiçosos ou, ainda, como fazendo corpo mole. Lembremos, ainda, que sabotagem (do francês *sabot*, tamanco) denomina a prática de se lançar os tamancos nas engrenagens das máquinas, para paralisá-las, para parar, enfim, o tempo do capital. É no interior de uma luta entre temporalidades distintas que se dá a revolução dita tecnológica e, como vemos, de poder.

Não podemos mais aceitar a ideia de que os efeitos estejam dissociados das causas, como se as poluições, as devastações, os desastres ambientais, o desemprego, a injustiça fossem meros efeitos colaterais e, então, pudéssemos ficar com o lado bom desse processo científico e tecnológico e o absolvêssemos das consequências, muitas vezes trágicas, que ele acarreta. A

---

[9] Greve significa, originariamente, o outro lado do rio, a outra margem.

técnica torna os meios e os fins inseparáveis, *concretos na prática*. Não é mais possível separar ciência e ética, ciência e política, se é que algum dia o foi.

Destaquemos, aqui, um dos efeitos ambientais da generalização da máquina a vapor: há um ritmo da máquina que traz uma temporalidade inscrita nela mesma por quem a comanda, esteja ela onde estiver, e que é indiferente aos diferentes hábitats, aos mais diferentes ecossistemas, aos mais diferentes povos, às mais diferentes culturas e regiões. É um tempo próprio, indiferente aos lugares, que, por meio da máquina a vapor, se impõe, que *des*-envolve dos diferentes hábitats aos mais diferentes povos.

A máquina a vapor foi a mais perfeita realização prática da razão moderno-colonial, até porque a primeira máquina moderna, o relógio — segundo Lewis Mumford (1982) —, produzia algo abstrato: horas. Entretanto, a máquina a vapor vai tornar possível que o relógio se generalize com uma *hora certa* para todo mundo, já que, aplicada aos meios de transporte, impõe às viagens e deslocamentos sua temporalidade sobre o tempo da natureza — ventos, correntes marinhas, marés. Não sem sentido, uma revolução técnica, a industrial, é tomada como marco histórico da moderno-colonialidade. Entretanto, estamos diante de um tempo *abstrato* imposto *concretamente* — o do relógio movido pelo *time is money* do capital, em busca de aumento de produtividade, com seu tempo de concorrência comandando as relações com a natureza e os diferentes povos, culturas e regiões.

A ciência e a técnica modernas, tal como concebidas pelo Ocidente europeu e como se expandiu pelo mundo, foram instituídas como critério de verdade, como se essa verdade tivesse uma bondade moral naturalmente nela inscrita. Com isso, a verdade científica deslocou outras formas de construção de conhecimento e se tornou uma verdade possuída por uma espécie de mais-valia simbólica: o que é científico é bom e, assim, o Estado e os gestores passaram a invocar a verdade científica como se fosse *A Verdade*. Com isso, outros saberes se tornaram saberes menores — folclore. O saber popular tornou-se um não saber; a religião perdeu seu reino; a arte passou a ser acessória, entretenimento; a filosofia, pouco a pouco, foi deslocada, e até mesmo a política, para os gregos a mais sublime das artes, passou a ser substituída por uma espécie de saber competente, uma mera administração das coisas, deixando de ser o *locus* por excelência onde todas as falas estavam convidadas a trazer a sua verdade. Com o tecnocentrismo, tenta-se afastar outros protagonistas possíveis e, desta forma, outras verdades ficaram impedidas de se apresentar enquanto cidadãs na pólis.

Francis Bacon já havia afirmado que saber é poder, e deveríamos levar mais a sério sua assertiva. A ideia de dominação da natureza, em torno da qual gira o imaginário moderno-colonial, está impregnada dessa relação de poder por meio do conhecimento científico.

A relação de dominação sobre a natureza, sustentáculo do magma de significações da moderno-colonialidade, não se restringe à relação do homem com a natureza tal e qual esta nos é apresentada como água, terra, fogo, ar, plantas e animais.

No interior mesmo das relações entre os seres humanos já se inscreve a relação com a natureza, a começar pelas relações de gênero (homem e mulher), assim como cada povo e cada cultura estabelece distinções para o evoluir de cada indivíduo da espécie (criança, jovem, maduro e idoso). Não é a natureza ou, se se preferir, não é a genitália de cada um que define o que é ser homem e o que é ser mulher, nem a idade cronológica (biológica) define o significado de cada etapa do evoluir humano no seio de cada povo e de cada cultura. Não se é homem ou mulher da mesma forma, e as distintas sociedades não reconhecem da mesma forma o que é criança, jovem, maduro ou velho. Isso tem importantes efeitos.

Ao contrário de uma lógica preocupada com a produção, com a quantidade, com a produtividade, com a produção em série, tão característica do homem burguês e branco europeu, as mulheres trazem uma lógica preocupada com a reprodução, com a diferença, com a qualidade, tão característicos dos temperos de cada casa, mesmo quando se cozinham os mesmos frutos. Em muitos e diferentes povos e culturas se atribuem às mulheres a invenção da agricultura, os segredos da reprodução da vida e, vê-se, não só daquela que se gera no ventre. Seus *saberes* trazem *sabores* e, assim, exigem contato, tato, até porque o sabor implica o paladar e este pressupõe estar em contato — o corpo deve estar presente no saber, seja com a língua, com a boca, com as mãos. O que se requer é um saber presente, que dialogue com o lugar, que dialogue com os do lugar, e que não se imponha do alto, de fora, eis a questão. A lógica matemática é abstrata, indiferente aos lugares, às pessoas — nela cada um é um, e não ente diferente (difer-ente); já a lógica da qualidade é, sempre, concreta.[10]

O fato de reconhecer a relação intrínseca entre saber e poder, particularmente importante pela poderosa relação que o saber científico moderno-colonial proporciona, não signifi-

---

[10] Os homens parecem ter *know-how* e as mulheres *savoir-faire*, que, traduzidos ao pé da letra, são a mesma coisa — saber-fazer. Entretanto, não significam a mesma coisa, sendo que a expressão inglesa está mais associada a um saber-fazer que se mostra produtivo, repetitivo, e a francesa nos remete a um saber-fazer criativo, tal como os gregos distinguiam entre *tekné* — fazer repetitivo — e *poiesis* — fazer criativo.

ca condenar o conhecimento, seja ele qual for. Como nos ensinara Baruch Espinoza (1973), esse conhecimento nos é útil para relacionarmo-nos com as coisas de acordo com sua natureza, sendo assim fonte de alegria e não de tristeza. As relações técnicas são parte das relações de poder e não considerar isso será fonte de permanente frustração — é como pedir que gato fale.

Não existe relação com a natureza a não ser por meio de um conjunto de significações socialmente instituído e, portanto, possível de ser reinventado num processo aberto, complexo, contraditório e indefinido sempre em condições históricas e geograficamente determinadas.[11]

A superação do desafio ambiental contemporâneo, com certeza, exigirá técnicas e, para isso, muitas das técnicas atuais serão assimiladas nesse processo, até que novas e outras sejam instituídas. Entretanto, sejam quais forem as técnicas, abrigarão em seu seio relações sociais e de poder. Afinal, se a técnica é meio, é preciso termos consciência dos fins que elas comportam; e, sendo a técnica uma busca de eliminação do acaso nas nossas ações, por meio dela sempre procuramos exercer um maior controle dos procedimentos e, assim, é nos procedimentos, tal como nos ensinara Michel Foucault, que se fazem as relações de dominação, de poder. As relações técnicas traduzem, em linguagem própria, as relações de poder da sociedade.

Vários pesquisadores de história das técnicas vêm salientando que, hoje, nesse período de globalização neoliberal, estamos diante de transformações sem precedentes, tanto pela sua natureza como pelo seu alcance. É comum afirmar-se que

---

[11] Marx havia nos alertado que os homens fazem história, mas não nas circunstâncias que escolheram. As circunstâncias são o campo do possível, ali onde a história é reinventada.

todo o conjunto de transformações que vem caracterizando o período se deve à revolução tecnológica em curso. Por tudo que desenvolvemos até aqui, podemos afirmar, com segurança, que sob esse "admirável mundo novo" estão implicadas as relações de poder que o constituem. Portanto, mais do que falar de revolução tecnológica, mais correto seria falarmos de *revolução nas relações de poder por meio da tecnologia*.

## 6. Quais as implicações para os destinos do planeta e da humanidade da privatização do mundo da ciência e da técnica?

Desde o Iluminismo a ciência ocidental moderna vem se apresentando como um *modo de produção de verdade* superior, inclusive, à religião. Afinal, essa ciência promete libertar a humanidade da dor e do sofrimento (fome, doença e, até mesmo, da morte) aqui mesmo na Terra, o que a religião prometia somente para o reino dos céus.

Podemos dizer que a ciência ocidental moderna se encontra, hoje, numa situação análoga à religião durante o período do Iluminismo, quando se vê, também, implicada até a medula nas relações de poder contemporâneas, sobretudo, com o poder econômico. E isso não é pouca coisa quando se trata de uma sociedade, como a capitalista, que tende a mercantilizar tudo.

Estamos diante da captura da ciência pelo mercado de um modo jamais visto. Hoje, a ciência vem se tornando uma força produtiva de capital e não mais um meio para a emancipação humana, como iluministicamente havia se apresentado.

O Tribunal de Contas dos EUA — General Accounting Office —, em seu recente relatório (GAO, 2003), nos oferece um bom exemplo das contradições implicadas nessa privatização do conhecimento científico, quando nos informa sobre os destinos dos gastos públicos envolvidos num acordo firmado em 1991 entre o Estado, por meio do Instituto Nacional da Saúde (NIH), e a empresa Bristol-Myers-Squibb (BMS) para pesquisa e desenvolvimento, a fim de viabilizar a chegada ao mercado de uma droga contra o câncer que viria a ser conhecida como Taxol ou por seu nome genérico, paclitaxel. O princípio ativo havia sido isolado desde 1971 por pesquisadores da Universidade do Estado da Flórida, com financiamento do Instituto Nacional de Saúde, a partir de um arbusto conhecido como teixo-do-pacífico (*Taxus brevifolia*) (o GAO não informa como chegou a esse arbusto, se por informações obtidas a partir do conhecimento das populações da região ou não). Entretanto, tenha ou não havido apropriação de conhecimento alheio, em 2001, o Taxol tornou-se o remédio mais vendido em todo o mundo contra o câncer e certos tumores, como o sarcoma de Kaposi (associado à Aids). Entre 1993 e 2002 faturaram-se com o Taxol 9 bilhões de dólares! Observemos qual o destino desse negócio e dos gastos públicos e privados nele implicados. De acordo com o Relatório do GAO, as verbas públicas despendidas na sua criação foram de 484 milhões de dólares e a Bristol-Myers-Squibb investiu cerca de 1 bilhão de dólares, inclusive em propaganda e publicidade. O interessante é que, dos 9 bilhões de dólares faturados pela empresa, cerca de 687 milhões de dólares foram pagos pelo próprio sistema público de saúde dos EUA. O poder público, por sua vez, recebeu somente 35 milhões de dólares como *royalties* (0,5% do faturamento). Vale a pena contabilizar: o poder público gastou 484 milhões de dólares em pesquisa e pagou 687 milhões de dólares para que pudesse usar um remédio cujo princípio ativo havia sido alcançado com recursos públicos dos quais recebeu somente 35 milhões de dólares! Um verdadeiro negócio da... (antigamente dir-se-ia da China). O Estado perde seu sentido público e torna-se subordinado aos grandes grupos corporativos, até mesmo num setor como o de saúde. A julgar pelo parecer do Relatório — que afirma que "o benefício para a saúde pública ficou claramente demonstrado, pois havia poucos tratamentos para mulheres com câncer de ovário ou de mama quando o Taxol chegou ao mercado" —, cabe indagar quantas mulheres poderiam ter sido tratadas se, simplesmente, os preços do remédio fossem mais baratos do que foram para gerar esses lucros que o próprio relatório indica.

Esses fatos têm conduzido a que a maior parte das pesquisas, sobretudo aquelas de maior interesse comercial ou estratégico, sejam consideradas confidenciais e não sejam publicadas. É o que nos mostra o argentino Eduardo Mari, ao analisar as mudanças nas publicações científicas nas décadas de 1980-90.

> Na primeira, inúmeros artigos publicados mostravam que efetivamente se estava na "revolução dos materiais" e universidades e institutos de pesquisa abriram departamentos e centros de pesquisas em materiais. (...) Mas logo o número de *papers* sobre aspectos tecnológicos e aplicados diminuiu e muitas expectativas de aplicações a curto prazo de muitos "novos materiais" estão se materializando lentamente e seguem vias distintas das previstas (vejam-se os casos do "motor cerâmico", dos "supercondutores de alta temperatura" e dos "vidros metálicos"). (...) Assim como ocorre com a engenharia genética, os avanços tecnológicos mais importantes se fazem agora dentro das empresas dos países mais avançados, no mais absoluto segredo e com a proteção de sistemas de patentes cada vez mais abusivos, quer dizer, *não se publica nada nem antes nem depois que o produto está no mercado*, e os textos das patentes são tão vagos e gerais que se torna muito difícil a reprodução dos processos ou produtos patenteados (Mari, 2000: 105-6; os grifos são meus).

Os congressos científicos já não são o lugar de livres trocas de conhecimento entre cientistas. O pesquisador já não faz parte de uma comunidade de conhecimento que tem no intercâmbio generalizado e livre de ideias uma condição para o desenvolvimento das suas investigações. Um outro pesquisador pode ser um concorrente potencial, quando a nova lógica de mercado passa a predominar no campo científico. Vale lembrar que publicar é tornar público e, assim, a lógica do privado, característica do mundo empresarial, atinge um dos pilares do conhecimento, que é o seu caráter de construção coletiva e livre. A ciência deixa de ser patrimônio comum da humanidade e tende a perder seu caráter potencialmente livre e democrático.

Com a diminuição dos investimentos públicos em pesquisa em todo o mundo, e com as grandes empresas assumindo o setor, aumentam as dificuldades para superar o desafio ambiental nesse período de globalização neoliberal.

Como tem sido salientado nas lides ambientais, o meio ambiente é uma totalidade indissociável da natureza e da sociedade. Com isso, todo o fundamento da ciência ocidental moderna que opera com o método analítico, com a separação natureza e cultura e entre sujeito e objeto e, ainda, com o princípio de causalidade, quase sempre linear, vê-se obrigado a reconhecer a complexidade e o próprio princípio de incerteza de que nos advertira Heisenberg.

A lógica empresarial, privada, se choca frontalmente com esses princípios na medida em que o ambiente é o lugar da convivência do que é diverso, onde natureza e cultura são uma totalidade complexa e contraditoriamente estruturada. A ideia de risco tem no mundo empresarial um sentido muito próprio, um investimento implica, sempre, o risco de não dar certo. Portanto, o investimento é remunerado de acordo com seus riscos possíveis. Nessa ideia está contida uma compreensão de que cada investimento privado, individual, se inscreve num ambiente em que os diversos agentes não têm o controle pleno dos seus efeitos e, por isso, há riscos. O contexto (o ambiente) não é uma simples soma das partes. Entretanto, se o mercado se mostrou hábil para encontrar mecanismos de remunerar os investimentos de acordo com seus riscos potenciais, o mesmo não se dá com relação aos riscos ambientais. Afinal, o ambiente, na sua materialidade qualificada, não é redutível à lógica monetário-crematística[12] quantitativa e o tempo necessário para se repor solos erodidos vai além do tempo da história humana, assim como é impossível reviver espécies extintas (extinção é para sempre) ou, ainda, dar conta do lixo radiativo, cuja sobrevida é de milhares ou milhões de anos, de recursos minerais são por si mesmos não renováveis.

Com isso, vemo-nos diante de uma intensa politização da ciência e, aqui, não mais somente quanto ao seu uso, como se costumava denunciar, mas quanto à sua própria produção. É cada vez mais difícil distinguir, no debate — seja acerca dos organismos transgenicamente modificados, seja sobre as mudanças climáticas globais —, onde está a ciência e onde está a política, até porque o debate político convoca, *pela própria natureza dos problemas cada vez mais ambientais*, os cientistas para o debate. Assim, controvérsias típicas do campo acadêmico são agora instrumentalizadas por razões alheias ao campo. Se queremos tratar as coisas de acordo com a sua natureza, como manda a boa premissa científica moderna, não podemos mais deixar de considerar a dimensão política implicada na ciência. Afinal, a política é parte da ciência.

---

[12] Segundo Aristóteles, a busca incessante de riqueza. Ver questão 7.

Enfim, com a ciência e a técnica se tornando uma força produtiva de capital, uma série de pesquisas que seriam de interesse público não são realizadas, como o impacto nos diferentes ambientes da introdução de novas substâncias químicas ou de novas espécies para que se possa analisar a poluição química e/ou biológica. É o caso, por exemplo, de pesquisas de longo prazo para saber qual o impacto na saúde da mulher do uso continuado de anticoncepcionais durante anos, e até décadas. Assim, mais do que diante de um tempo antrópico que muitos procuram distinguir dos tempos da natureza, estamos diante de uma temporalidade própria do capital, em que *time is money*.

Não se sabe ao certo qual é o efeito sobre a saúde humana quando nós, como espécie, fazemos parte de uma cadeia alimentar que tem entre seus novos elos a vaca louca. Não se sabe ao certo, também, qual o efeito sobre o ambiente, e também sobre a saúde humana, da introdução de organismos transgenicamente modificados, os OTMs[13]. Não devemos nos esquecer, ainda, que, até o final da Segunda Guerra, a humanidade usava somente entre 20 e 25 elementos químicos da tabela periódica e que hoje são usados todos os 90, além dos 26 sintéticos produzidos pela indústria e pela ciência ocidental moderna. Portanto, estamos convivendo há pouco mais de cinquenta anos com *materiais raros* que passaram a ser manipulados pela indústria e que nosso corpo e nosso ambiente não estavam habituados e para o que não foram feitas pesquisas e testes que, a rigor, demandariam um tempo que longe está da lógica do *time is money* que, assim, nos ameaça a todos. As telhas de amianto, sabemos hoje, são cancerígenas. Já está comprovado que é arriscado o uso do DDT, o uso de agente laranja (produto químico usado como

---
[13] Ver questão 15.

desfolhante) ou de pilhas de baterias de celulares. Os exemplos poderiam ser multiplicados. Estamos no limiar de um descompasso entre um tempo histórico da política e da cultura e um tempo arqueológico da hominização na medida em que submetemos a espécie humana a substâncias que alteram nosso processo de hominização. Insisto nos exemplos acima — amianto, ascarel, DDT, pílulas anticoncepcionais, vaca louca, alergias várias, para não falarmos de impactos em nossa psique derivados de novos modos de nos relacionarmos com o espaço e com o tempo, com o uso de celulares, por exemplo.

O mais interessante a observar é que, a rigor, a ciência e os cientistas não podem dirimir essas dúvidas por si mesmos, até porque entre eles haverá, sempre, *incerteza*. Afinal, cada investigação científica pode garantir suas conclusões somente nas condições em que a pesquisa foi efetuada (Heisenberg), o que não corresponde às situações do mundo como tal. No mundo real, onde tudo interage com tudo, a complexidade é de tal ordem que ninguém poderá afirmar peremptoriamente que o efeito de uma determinada ação será exatamente o previsto no início da ação. Assim, a decisão haverá de ser, sempre, política, por mais que se convoquem — o que sempre será feito — os cientistas, e não somente eles, para ajudar a formar a opinião necessária para a tomada de decisão.

Vemos, assim, que a ciência é um assunto sério demais para ficar nas mãos exclusivas dos cientistas, parafraseando o que Clausewitz dissera em relação aos militares e à guerra. A ética do campo científico implica o livre curso das ideias, assim como a manutenção do seu caráter de patrimônio comum da humanidade, lógica que o mundo empresarial, regido pelo interesse privado, contradiz com o segredo comercial. Aliás, é importante considerar que a empresa é uma instituição de poder e não somente um *locus* de produção no sentido econômico, como normalmente é vista. O senso (do homem) comum fala-nos de um *poder econômico*, expressão rica de sentidos mas que não tem recebido o tratamento analítico adequado no campo científico. Até mesmo regras democráticas elementares — como eleições, por exemplo — ficam ao largo do mundo empresarial, onde ainda se vota com base no número de ações que se possui. É como se as pessoas votassem de acordo com a renda que possuem, princípio que, no espaço público, o aperfeiçoamento democrático exigiu que fosse superado. Enfim, a empresa tem sido uma das instituições mais resistentes aos princípios democráticos (Chomsky, 1999).

Isso nos remete à ideia de que a democracia deva ser radicalizada para que superemos o desafio ambiental. Boaventura de Souza Santos (2002) tem chamado as democracias atuais de *democracia de baixa intensidade* e sugere que devemos *democratizar a democracia*. A expressão não poderia ser melhor para dar conta do desafio ambiental contemporâneo, até porque, sendo o meio ambiente difuso e público e por comportar a totalidade natureza-cultura, não pode ser regido pela lógica do mundo empresarial, onde o interesse é específico e a democracia funciona pela metade, onde o trabalhador manipula substâncias que não conhece[14], protegido o proprietário, e não a sociedade e o ambiente, pelo segredo comercial.

---

[14] A desmaterialização e a funcionalidade tornam os novos materiais cada vez menos conhecidos não só do grande público, como do trabalhador que os opera no cotidiano.

## 7. Há limites ao mercado do ponto de vista ambiental?

Nesse período de globalização neoliberal, a crença nas virtudes do mercado, com a hipervalorização da dimensão econômica, chega a aproximar-se de um fundamentalismo religioso. Nada parece fazer sentido a não ser a partir do mercado, da economia. O campo ambiental não escapa dessa ilusão, como o demonstram o recente desenvolvimento da economia ecológica, a difusão da noção de desenvolvimento sustentável e, principalmente, a conversão imposta nos anos 1990, sobretudo depois da Rio-92, da mediação econômica da maior parte das políticas setoriais de meio ambiente fomentadas pelos organismos multilaterais (Banco Mundial em destaque). É como se qualquer política ambiental, para ganhar cidadania —, isto é, o direito à existência no debate político —, devesse antes se converter à lógica econômica, como o demonstram as recentes propostas em torno da água, da mercantilização da fotossíntese, tanto no debate sobre o efeito estufa como mais diretamente das florestas, em que tudo passa a ter um preço e não mais um valor no sentido ético-político. Exatamente por isso, impõe-se uma reflexão mais atenta acerca das relações entre economia, ambiente e sociedade.

Seria de se esperar que uma ideia tão marcante como o mercado tivesse um tratamento científico apurado. Entretanto, nos programas e disciplinas dos cursos universitários de economia se observa, paradoxalmente, uma assustadora ausência no tratamento do que é o mercado, o que contrasta com a sua onipresença no debate midiático.

O historiador inglês E. P. Thompson (1998) assinalara essa ausência de tratamento conceitual acerca do mercado afirmando tratar-se de uma metáfora sem nenhuma consistência, seja conceitual, seja empírica. A ideia de mercado nos falaria muito mais de um desejo do que da realidade, na medida em que nos remeteria a um ideal de equilíbrio natural que nos levaria a uma harmonia que, entre os economistas ganhou (com Adam Smith), um sentido divino com a ideia de uma mão invisível que estabelece ordem no mundo. Nesse sentido, a metáfora do mercado se encontraria com a metáfora do meio ambiente, ambas prometendo equilíbrio e harmonia, tal qual uma utopia que, como tal, só é harmoniosa na superfície lisa da criação imaginária, mas longe da heterotopia concreta do nosso cotidiano em que, mundanamente, temos de nos inventar a cada momento em meio a tensões e contradições.

Conta-nos E. P. Thompson (*ibid.*) que na Inglaterra, ainda no século XVIII, era comum os mercados, em suas primeiras horas de funcionamento, só venderem seus produtos para os pobres e pelo preço que os pobres pudessem pagar. Satisfeitas as necessidades desses pobres, aí sim, se podia comprar para vender, ou seja, podia-se comprar para se ganhar dinheiro com a venda. O autor nos oferece, além de gravuras dos mercados da época, charges em que aqueles que negociam às escuras para vender são ridicularizados, e fala-nos, ainda, da proibição de que se fizessem transações que não fossem à luz do dia, à frente de todos. A transparência se colocava lá mesmo no mundo da economia, e não só da política, como querem os liberais.[15] Estávamos longe da ideia de que o segredo é a alma do negócio. É o que alguns auto-

---

[15] Os liberais chegaram ao absurdo dessa inversão recentemente na Bolívia, quando introduziram uma *cláusula de confidencialidade* na concessão pelo poder a uma multinacional norte-americana, a Bechtel, para explorar a água em Cochabamba. Imagine o poder público que não pode tornar pública a concessão a uma empresa privada de um bem como a água! Antigamente falava-se de razão de Estado, e hoje, vê-se, é a razão de empresa que se sobrepõe. O povo boliviano soube dar a resposta a esses protagonistas — o episódio ficou conhecido como *la guerra del água*.

res vão chamar de economia moral, expressão a que deveríamos prestar um pouco mais de atenção, porque pode nos ser cara no debate ambiental e aponta para outros fundamentos para a economia. Assinalemos que Adam Smith, um dos clássicos da economia, era pastor e que suas incursões pelo campo da economia estavam fundadas em preocupações éticas e morais como *preço justo*, *preço natural*, *valor*, e não preços simplesmente. Sabemos como a economia foi se desfazendo dos seus vínculos com a ética e com a moral, à medida que, paradoxalmente, foi se tornando economia política e, mais recentemente ainda, simplesmente *economia* sem moral e sem política, enfim, algo que se impõe como *necessidade econômica*.

O período de globalização neoliberal levou ao paroxismo esse deslocamento inerente à dinâmica das sociedades capitalistas em direção à economia em estado bruto — se me permitem a expressão não tão metafórica como poderia parecer à primeira vista. Quando a economia se desprende de qualquer vínculo moral ou ético, é natural (a partir dessa lógica mercantil) que ela se desprenda de qualquer mundanidade, de qualquer materialidade, e se reconheça exclusivamente na sua dimensão simbólica mais abstrata: a quantidade, enfim, o dinheiro.

Desde a Antiguidade a economia se vê a braços com o paradoxo de Midas. Como nos ensina a mitologia grega, Midas havia se investido de um dom, o de tornar ouro tudo que tocasse, por uma dádiva de Dioniso em atenção a um pedido que Midas havia feito. A partir desse dom, Midas passou a viver o infortúnio de não conseguir matar a fome ou a sede, pois, ao tocar a comida e a água, estas se tornavam ouro. Aqui se inscreve todo o paradoxo da economia, que confunde riqueza com a sua expressão simbólica, o dinheiro, o ouro para Midas.

Aristóteles[16] já havia percebido essa diferença fundamental ao distinguir economia e crematística. O estagirita entendia que economia era a administração da casa (*oikos*, em grego), o que implicava toda a logística necessária para sua administração — energia, alimento, água, terra, enfim, as matérias necessárias à produção e reprodução da vida. De certa forma, Aristóteles pensava a economia muito próxima do que, hoje, seria a ecologia política, a geografia política (e econômica), a logística. Por crematística entendia Aristóteles a busca incessante de riqueza e o estudo da relação entre os preços das mercadorias.

É certo que a economia, enquanto disciplina científica e política, tem se interessado mais pelas trocas, pela busca incessante de enriquecimento, do que propriamente pela riqueza. Aliás, a riqueza é, tal como o mercado, um conceito ausente entre os economistas. É o que nos diz um dos mais importantes estudiosos dos problemas monetários, o sr. Robert Triffin (*apud* Cordeiro, 1995), que, do alto de sua octogenária serenidade nos diz: "O conceito de riqueza é interessante. Ele é medido pelo valor de troca. Mas o valor de troca é determinado pela escassez, *enquanto riqueza não é escassez...*" — ao contrário, riqueza é, justamente, a abundância.

Os economistas modernos vão fundar a economia no conceito de escassez, que, paradoxalmente, é o contrário da riqueza. Tanto é assim que os bens abundantes — ideia central da riqueza — não são sequer considerados como bem econômico e, sim, como naturais. Deste modo, ao contrário do que se acredita, o fundamento teórico da economia mercantil moderna não é a riqueza e, sim, a escassez. Somente à medida que a água e o ar se tornam escassos — com a poluição, por exemplo — é que a economia passa a se interessar em

---

[16]Coleção Os Pensadores, 1972.

incorporá-los como bens no sentido econômico moderno, isto é, mercantil. Enquanto o ar e a água existem em estado puro e em abundância, ou seja, enquanto existem como riqueza, são considerados dádivas, fonte inesgotável.

Há, aqui, um claro componente social e político, além do ambiental propriamente dito, já que a existência de um bem disponível a todos não tem, propriamente, interesse para a economia mercantil. Haveria, assim, na própria teoria, o pressuposto de que a privação, a escassez, é que torna um bem econômico. A propriedade privada se torna, assim, um pressuposto jurídico e político para a economia mercantil capitalista moderna, na medida em que a propriedade *privada* — o nome já o diz — *priva* quem não é proprietário e, assim, constitui a escassez como base da economia (mercantil capitalista). Privar homens e mulheres da riqueza — a começar pela própria natureza, com a propriedade privada da terra — é condição para que se instaure o reino da economia mercantil (a crematística de Aristóteles).

Temos, assim, um primeiro paradoxo entre economia e meio ambiente, que deve ser levado em consideração por todos aqueles que, tomando seus desejos como se fossem a realidade, acreditam poder compatibilizar economia mercantil e meio ambiente.

Não são pequenas as contradições em que nos metem os economistas que tentam naturalizar a lógica mercantil. A primeira dessas contradições tem a ver com os fundamentos gerais que acabaram predominando no pensamento científico hegemônico no mundo ocidental, que, inspirada em Galileu, acredita que a linguagem da natureza está escrita em linguagem matemática. Com isso, esquecemos que a linguagem matemática, como toda e qualquer linguagem, não é a realidade mesma e, sim, criação simbólica. Dizer, por exemplo, que um número elevado a zero é igual a 1 (um) não tem nenhum correspondente na natureza, assim como a palavra água, como expressão simbólica, não é a água na sua materialidade. Afinal, a palavra água, enquanto tal, não mata a sede de ninguém. Aliás, essa tensão entre o material e o simbólico é uma das mais interessantes características do ser humano, que sempre pode atribuir mais de um significado a qualquer coisa ou situação. Construir um significado comum implica, sempre, a constituição de uma *comun*idade, de uma cultura enquanto um conjunto de sentidos e práticas (sempre passíveis de reinvenção), que empresta sentido à vida em comum daqueles que os inventaram.[17] A mesma paisagem, com a mesma materialidade, pode ser lida de modos diferentes por diferentes povos e culturas ou por diferentes segmentos no interior de uma mesma sociedade e cultura.

A linguagem do dinheiro é linguagem matemática e, assim, não dá conta da materialidade da *physis*. Dizer que a linguagem da natureza está escrita em linguagem matemática, como se refletisse na linguagem a realidade externa do mundo, é não compreender que, por meio da linguagem, os homens criam mundos de significação e não simplesmente o refletem. Acreditar que a linguagem matemática reflete a natureza do mundo é naturalizar a linguagem, que, assim, deixa de ser criação humana. É acreditar que existe uma verdade que emana da própria natureza e, como tal, é a *verdade verdadeira* e, por isso, única e incontestável e que seria acessível por meio de determinadas técnicas de conhecimento que são do domínio de *experts*, no caso, da comunidade científica.

Assim, com a linguagem matemática — uma invenção criativa da comunidade científica, sobretudo dos matemáticos — tenta-se aprisionar o mundo numa única visão tomada

---

[17]A palavra cultura, de que deriva também agri*cultura*, deriva de *colere*, do latim, cultuar, cultivar.

como objetiva e que, por isso, estaria livre das múltiplas visões, sempre possíveis, do mundo. Há uma crença ingênua de que a existência de múltiplas visões acerca do mundo implica que estamos imersos no reino da subjetividade e não da objetividade, que seria privilégio dos cientistas. Assim, olvida-se que entre os cientistas é comum a divergência, e a polêmica é uma característica da comunidade científica, o que bem pode ser atestado pelas diferentes correntes teóricas e metodológicas que têm múltiplas e variadas visões acerca de seus objetos de pesquisa. Há cientistas que vão afirmar até mesmo "o princípio da incerteza", como o físico Heisenberg, retirando da mais exata entre as ciências exatas, a física, a ideia de que existe uma certeza absoluta produzida pelos cientistas, ideia que vigora entre os não cientistas e que, de certa forma, é alimentada pelos cientistas enquanto um capital simbólico que lhes garante prestígio, por essa razão, indevido.

Consideremos que operar com a linguagem da *quantidade* é, rigorosamente, abstrair-se das *qualidades* dos seres, deixando-se assim de operar com a natureza e com o mundo na sua diferença concreta inscrita na materialidade do mundo e que nos inspira tantos mundos. Não nos surpreendemos, portanto, quando nos vemos diante do triste espetáculo de miséria e devastação, quando tentam nos impor uma lógica única da mercantilização generalizada. Tenta-se dessa forma suprimir as múltiplas visões construídas por diferentes povos, que nos oferecem um espetáculo de diversidade cultural proporcionado por uma mesma espécie biológica — a espécie humana —, o que nos faz ver que com o aumento da poluição das águas e do ar e da devastação dos solos e das espécies temos a extinção de diferentes povos e culturas. Há autores, como o etnobiólogo mexicano Vitor Toledo (2000), que associam a perda da diversidade biológica à diminuição do número de línguas faladas no planeta.

Houve economistas, como os fisiocratas, que tentaram incorporar outros pressupostos, que consideravam a natureza na sua materialidade e sua importância na criação e produção de riquezas. Os fisiocratas, o próprio nome já indica, são um bom ponto de partida na consideração da *physis*. Infelizmente, os economistas que os seguiram abandonaram suas premissas e, muitos até, as reduziram à tese de que só a agricultura cria riqueza, como se fossem defensores de um mundo rural, que estaria sendo superado pela indústria nascente exatamente na época em que viveram os fisiocratas.

Karl Marx, na sua *Crítica ao Programa de Gotha*, invocou os fisiocratas para criticar seus companheiros que diziam que só o trabalho cria riqueza. Marx acrescentou que a riqueza é produto do trabalho e da natureza,[18] e que, se o trabalho é o pai, a natureza é a mãe na criação de riquezas. Assim, os fisiocratas são resgatados, o que, infelizmente, não teve maiores efeitos entre os próprios seguidores de Marx mas que, sem dúvida, constitui um excelente ponto de partida para pensar o desafio ambiental contemporâneo.

Na verdade, os fisiocratas não argumentavam no sentido de que a natureza estava envolvida somente no processo de produção agrícola. O que a tese fisiocrata sugere é que a natureza está inscrita no processo de produção de riquezas, na medida em que, sempre, o trabalho implica energia. Não há trabalho, transformação da matéria, sem energia, eis o conceito que faltava aos fisiocratas e a Marx, mas não nos falta, todavia.

---

[18] A melhor tradição marxista nos recomenda não confundir riqueza com mais-valia. A natureza é riqueza e no processo de trabalho contribui para criar riqueza mas, enquanto tal, não produz mais-valia. O trabalho cria riqueza e, sob relações capitalistas de produção, cria um valor maior que seu próprio valor — mais-valia.

Raciocinemos fisiocraticamente, com as informações de que hoje dispomos, sobre o que se passa na indústria e, aqui também, veremos a importância da natureza na criação de riqueza. A transformação da matéria é amplamente multiplicada a partir do momento em que se passa a usar o carvão e o petróleo, cujas moléculas de hidrogênio e carbono foram produzidas num longo tempo geológico. O conhecimento humano, só muito recentemente, nelas identificou a propriedade de conter energia concentrada.

Duas questões se impõem aqui para reflexão: a primeira é a de se atribuir, unilateralmente, ao conhecimento científico o espetacular aumento de produtividade que se obteve com o uso do carvão, do petróleo e, mais tarde, do gás. Com isso, olvida-se que o conhecimento acerca dos atributos das moléculas de hidrogênio e carbono (hidrocarbonetos) e de seu enorme potencial energético não produz aquelas moléculas. Em outras palavras, a crença antropocêntrica não produz o petróleo ou o carvão, para o que seria necessário um tempo geológico, ou uma energia correspondente a esse tempo, impossíveis ao homem, apesar de todos os avanços e de nossa crença na capacidade humana de criar, de inventar *ad infinitum*.

Nenhuma sociedade produz o carvão, o petróleo, o ferro, o chumbo, a água e outros minerais, assim como o homem não produz os dias e as noites, a radiação solar, sem o que não vivemos. Somos, como espécie, em grande parte, *extratores* de petróleo, carvão, ferro, manganês, água e outros minerais, e não seus *produtores*. Observemos que dizer que somos *produtores* significa que depende de nossa capacidade criativa a existência do que é produzido. Dizer que somos *extratores* sinaliza que extraímos algo que não fazemos, o que significa manter prudência no seu uso.

A segunda questão diz respeito à concentração, num mesmo ponto do espaço geográfico, de energia ou de qualquer outra qualidade da matéria. Há enormes implicações logísticas e territoriais — e, portanto, políticas — que derivam dessas diferentes qualidades, sejam solos de fertilidades diferentes, sejam jazidas.

Tanto a riqueza diferenciada dos solos e dos subsolos como o teor de um determinado minério têm implicações energéticas importantes. É que, quanto mais dispersa a matéria estiver no espaço, maior a quantidade de energia (trabalho) que se deve despender para torná-la disponível e socialmente útil. Determinados minérios, como o ferro e o manganês, por exemplo, só podem ser explorados, pelo volume que demandam enquanto matéria-prima, se as jazidas tiverem alto teor, no caso do ferro, acima de 50% normalmente. Jean-Pierre Deléage nos informa que a produção de uma tonelada de cobre demanda 22.500 kW de energia para um teor de 1%; se o teor for de 0,5%, exige 43.000 kW e, para um teor de 0,3%, requer 90.000 kW de energia (Deléage,1989; *apud* Altvater, 1995:59)! Vemos, assim, que a concentração num ponto do espaço de uma determinada qualidade da matéria, a que se atribui um determinado sentido, um minério por exemplo, implica energia (trabalho) maior ou menor a ser dispensada para torná-la uma riqueza para ser usufruída de um determinado modo específico — matéria-prima, por exemplo.

A história da natureza é quem nos legou essa distribuição diferenciada de *ilhas de sintropia* e de fertilidade de solos conhecida e apropriada diferentemente pelos diferentes povos e culturas ao longo de suas histórias. Os minérios constituem uma riqueza não renovável, pelo menos na escala de tempo da história humana, já que sua produção exige um tempo de trabalho que envolve um tempo geológico.

Essas considerações têm importantes consequências políticas, sobretudo territoriais, na medida em que os diferentes povos com suas diferentes culturas atribuem sentidos diferentes a essas diferentes qualidades que a natureza do planeta, em grande parte, desenhou por si mesma. Uma floresta não é a mesma para um povo que com ela convive há milhares de anos e para um madeireiro que, mais do que na madeira, está interessado em sua transformação em algo abstrato — dinheiro; a vida de uma comunidade, para quem uma riqueza mineral pode não fazer o menor sentido, pode se tornar um pesadelo se, sob suas terras, se descobre petróleo, ouro ou qualquer outro minério que interesse a algum empresário ou a algum Estado ávido por fazer concessões a empresas, até para arrecadar mais impostos. Um cartaz exibido em Nova York numa recente manifestação contra a guerra no Iraque indagava, com ironia: "Por que nosso petróleo está sob o deserto deles?"

Todo o cálculo econômico desde os fisiocratas — com as honrosas exceções de Sody, H. Daly, Georgescu-Roegen — tem ignorado essa inscrição material, logística mesmo, da economia e da sociedade na natureza.

O território se torna, por tudo isso, uma categoria central para dar conta do desafio ambiental contemporâneo, na medida em que comporta, na sua materialidade, a tensão entre diferentes modos de apropriação do espaço. A economia mercantil, pela lógica abstrata que a comanda — a do dinheiro — implica uma dinâmica espacial que *des*-envolve os lugares, regiões e seus povos e culturas e, deste modo, instaura tensões territoriais permanentemente. Destaquemos que vivemos sob uma dinâmica econômica mercantil que ignora sua materialidade e que está no centro do desafio ambiental que haveremos de enfrentar.

O historiador e ambientalista José Augusto Pádua também assinala essa dissociação entre a materialidade dos processos ecológicos e econômicos, indicando que há um

> *balanço energético negativo* de diferentes atividades produtivas no mundo moderno, onde a quantidade de energia despendida no processo de produção é muito superior à obtida com os produtos resultantes desse processo. Formas tradicionais de produção agrícola, como o cultivo de arroz em campos alagados do sudeste asiático, podem colher cinquenta vezes mais energia, sob a forma de alimento, do que a energia empregada no cultivo. No capitalismo industrial não é raro encontrar atividades onde o processo produtivo consome três vezes mais energia do que a gerada pelo produto. É o caso da produção industrializada de carne, com seu consumo intenso de ração, produtos químicos e eletricidade. A pesca em alto-mar por meio de navios frigoríficos apresenta um balanço ainda mais negativo, de 20 para 1 (Ponting, 1991: 292). Esse tipo de atividade apenas se sustenta porque existe um divórcio total entre o cálculo monetário e o cálculo material-energético. Como o valor monetário das fontes energéticas é baixo, comparado com o valor monetário dos produtos finais, uma economia irracional do ponto de vista material pode ser altamente lucrativa no mercado (Pádua, 2003).

Esse "divórcio total entre o cálculo monetário e o cálculo material-energético", de que nos fala J. P. Pádua, tem enormes implicações para a vida do planeta e dos povos, na medida em que a lógica crematística se impõe sobre as considerações energético-materiais e territoriais. Não é tão simples, como acreditam os que querem reduzir os processos produtivos à dimensão mercantil, converter a natureza e o trabalho em preços, já que existe uma incomensurabilidade radical que convida qualquer tentativa nesse sentido a assumir seu caráter arbitrário.

Não vai aqui nenhuma ilusão objetivista de que se pode ter um critério que não seja arbitrado. Todo e qualquer critério será arbitrário e, assim, a questão que se impõe é quem estará arbitrando; quem, enfim, estará instituindo os critérios objetivos a serem levados em conta.

A democracia, vê-se, coloca-se como uma exigência radical para enfrentar o desafio ambiental e, para isso, implica ouvir novos e outros protagonistas, além dos que vêm definindo o que é a economia, cada vez mais pela dimensão financeira, monetária, crematística.

A ilusão dessa ótica abstrata, tão característica do pensamento científico moderno-colonial, é que nos impede de ver que a perda de valor monetário das matérias-primas e da energia no comércio internacional longe está de significar a diminuição da importância das matérias-primas e da energia na materialidade dos processos de produção de riquezas.

## 8. Por que o território se coloca como questão central no debate acerca do desafio ambiental contemporâneo?

O controle do território coloca-se como fundamental para garantir o suprimento da demanda sempre em ascensão por recursos naturais, apesar dos avanços dos *novos materiais*. Assinalemos que a natureza com suas qualidades — a vida e os quatro elementos: terra, ar, água e fogo — é o que se oferece à *apropriação* da espécie humana, o que se dá por meio da cultura e da política. Tornar *própria* a natureza é, rigorosamente, *apropriar-se* da matéria na sua espaço-temporalidade, conformando territórios diversos cujos limites, essência da política, resolvem a situação temporariamente, como a história da geo*grafização* do mundo revela.

Falar de recursos naturais é falar de recursos que, por sua própria natureza, existem independentemente da ação humana e, assim, não estão disponíveis de acordo com o livre-arbítrio de quem quer que seja. Assim, não é sem consequências políticas e ambientais que se aplica, no caso do acesso aos recursos naturais, o princípio liberal da livre mobilidade dos fatores que está na base das teorias clássicas da economia. A acessibilidade aos recursos naturais, assim como seu deslocamento, revelará a natureza das relações sociais e de poder entre os *do lugar* e os *de fora do lugar* onde se encontram. As fronteiras, os limites territoriais, se impõem como fundamentais para entender as relações sociais e de poder, o que implicará relações de pertencimento e estranhamento (um *nós* e um *eles*), assim como relações de dominação e exploração, através do espaço, pela apropriação/expropriação de seus recursos.

O fundamento da relação da sociedade com a natureza sob o capitalismo está baseado na separação — a mais radical possível —, entre os homens e as mulheres, de um lado, e a natureza, de outro.[19] A generalização do instituto da propriedade privada, ao privar a maior parte dos homens e mulheres do acesso aos recursos naturais, cumpre um papel fundamental na constituição do capitalismo. É interessante observar as implicações territoriais da propriedade privada, na medida em que ela se constitui no eixo central da territorialidade moderno-colonial. É ela que está na base da constituição do Estado territorial centralizado, depois Estado-Nação, que é a forma geográfica por excelência da sociedade moderno-colonial. É com base nela que se nega a diversidade de formas de apro-

---

[19] Observe-se, portanto, que a separação entre homem e natureza não é somente uma questão de paradigma, embora o seja. Ela se inscreve no centro das relações sociais e de poder nas sociedades capitalistas. Enfrentar o desafio ambiental é, assim, mais do que mudança de paradigmas.

priação (de propriedade) dos recursos naturais, mesmo no interior das fronteiras de um mesmo Estado territorial. O Estado territorial moderno tende a ser monocultural. A colonialidade, vê-se, é mais do que o colonialismo. É com base na propriedade privada que se instaura a ideia de territórios mutuamente excludentes, que começa com uma cerca na escala do espaço vivido e se consagra, pelo direito romano, à escala nacional.

Além disso, privar é tornar um bem escasso e, dessa forma, numa sociedade que tudo mercantiliza, um bem só tem valor econômico se é escasso. O princípio da escassez, assim como a propriedade privada que lhe é essencial, é que comanda a sociedade capitalista e suas teorias liberais de apropriação dos recursos naturais. Ocorre que a ideia de riqueza é o contrário de escassez e aqui reside uma das maiores dificuldades da economia mercantil: incorporar a natureza como riqueza, como algo abundante, um bem comum. O desafio ambiental coloca-nos diante da necessidade de forjar novas teorias que tomem como base a riqueza e não a escassez.

À medida que essa base se tornar firme, e homens e mulheres estiverem separados (expropriados) das condições naturais essenciais para sua reprodução, cada um se tornará vendedor de sua capacidade de trabalho e comprador de mercadorias[20]. A natureza, tornada propriedade privada, será objeto de compra e venda e, assim, por todo lado, temos mercantilização.

Não será difícil, no seio de uma sociedade com esses fundamentos, confundir a riqueza com sua expressão monetária, com as gravíssimas consequências ambientais já assinaladas.

---

[20] Homens e mulheres esses que, expropriados, vão passar a viver do salário. Salário é uma palavra que deriva de sal que serve para conservar a carne e, assim, assalariado é aquele que vive para conservar a carne. Ou, ainda, proletários, isto é, aqueles que vivem para reproduzir a prole.

Ao mesmo tempo, há outras dimensões importantes para o desafio ambiental e que são específicas da relação com a natureza estabelecida pelas sociedades capitalistas: (1) separa-se quem produz de quem consome (quem produz não é o proprietário do produto) e: (2) a produção não se destina ao consumo direto dos produtores, (3) assim como *o lugar que produz* não é necessariamente o *lugar de destino* da produção. Alienação por todo lado.

Deste modo, sob o capitalismo, haverá, sempre, relações espaciais de dominação/exploração, tirando *dos lugares* e, mais, tirando *dos do lugar*, o poder de definir o destino dos recursos com os quais vivem. Assim, é preciso agir não só localmente, como regional, nacional e mundialmente, posto que é a sociedade e seu espaço como um todo que está implicada no desafio ambiental; ao contrário do *slogan* — agir localmente e pensar globalmente — tão difundido nas lides ambientalistas que, como se vê, reduz a ação ao local. Quem agiria nas outras escalas? É, no mínimo, ingenuidade deixar de assumir a dimensão política implicada na relação entre as diferentes escalas, quando poderosos grupos operam em escalas supralocais, estimulando territorialidades sem governo (para os outros).

O amplo desenvolvimento do capitalismo por todo o mundo se deveu ao fato de ter conseguido revoluções sucessivas *nas relações de poder por meio da tecnologia*. Essas revoluções proporcionaram, fundamentalmente, a separação entre o lugar de extração da matéria bruta, o lugar da transformação da matéria-prima (consumo produtivo) e o lugar do consumo, conformando toda uma complexa logística de matéria e energia que materializa no espaço-tempo as relações sociais de poder entre os diferentes segmentos da sociedade, em suas diferentes escalas: do lugar à região, ao Estado-Nação à escala internacional e/ou mundial. Não teria o menor sentido aumentar tão amplamente a capacidade de extração e produção se a produção se destinasse diretamente aos que trabalham ou *aos do local* onde se dá a extração ou a produção. A própria ideia de que o aumento da produção é um objetivo a ser perseguido implica que a produção não objetiva contemplar diretamente aqueles que produzem, pelo menos não na materialidade que está sendo produzida.

Deste modo, esse fato aparentemente banal está prenhe de consequências políticas e ambientais e coloca o território no centro da análise. Toda a questão passa a ser, portanto, quem determina o quanto, com que intensidade, por quem e para quem os recursos naturais devem ser extraídos e levados de um lugar para outro, assim como o próprio trajeto entre os lugares.

O processo de produção, entretanto, não se resume às suas diferentes etapas — produção, distribuição, circulação e consumo —, como comumente os economistas o veem. Há, também, os rejeitos — os efluentes sólidos, líquidos e gasosos —, cuja natureza físico-química está desigualmente configurada numa geografia desigual de rejeitos e proveitos nas suas diferentes escalas geográficas (nos lugares e entre os diferentes lugares; nos bairros e entre os bairros de uma cidade; nas regiões e entre as diferentes regiões no interior de um mesmo território nacional, enfim, entre os diferentes países). Como se vê, é a questão política e toda a geopolítica que está implicada no cerne do desafio ambiental, por meio do território.

Há, portanto, uma tensão permanente entre tecnologia e território, tensão essa que institui o padrão de poder mundial nas suas múltiplas relações de escalas imbricadas enquanto divisão territorial do trabalho (relação cidade-campo; intraurbana; interurbanas; intrarregionais; inter-regionais/nacionais e internacionais).

O capitalismo, desde o início de seu desenvolvimento, sempre dependeu da extração da matéria e da energia, inclusive da energia do próprio trabalho humano, *nos mais diferentes recantos do mundo*. O colonialismo e o imperialismo foram os padrões de poder mundiais instituídos desde 1492 para garantir o deslocamento generalizado de matéria e energia necessários à acumulação de capital.

Paradoxalmente, essa tensão política permanente se intensifica por meio do desenvolvimento tecnológico, o que só surpreende por se olvidar sistematicamente que a revolução tecnológica é, em si, relação social e de poder. O desenvolvimento tecnológico — ou melhor, o desenvolvimento das relações sociais e de poder por meio da tecnologia —, por sua própria natureza de tentar estabelecer controle sobre recursos não se dá em todos os lugares, e ela mesma redefine constantemente quais são os recursos naturais estratégicos.

O desenvolvimento de tecnologias busca, exatamente, superar essa limitação entre o poder cada vez maior de transformar a matéria por parte de alguns e as qualidades diferenciadas com que a matéria se distribui na geografia dos lugares, das regiões, dos países, do mundo. Paradoxalmente, o desenvolvimento tecnológico aumenta a dependência por recursos naturais, ao contrário do que se propaga. Mesmo no período de globalização neoliberal, a reprodução do atual padrão de poder mundial continua tornando essencial o suprimento de recursos naturais, apesar da revolução (nas relações sociais e de poder por meio) da tecnologia.

Assim, há uma relação de imanência entre tecnologia e guerra e, pelo seu caráter estratégico, os enormes investimentos em ciência e tecnologia. Entretanto, a garantia de que os recursos naturais estarão sob controle depende da política e, em última instância, da capacidade efetiva de exercer[21] o poder por vias militares. É o que se depreende ao ler os princípios estratégicos que norteiam a política externa dos EUA, que afirmam ser necessário "assegurar o acesso incondicional aos mercados decisivos ao suprimento de energia e aos recursos estratégicos" e que, para isso, se deve procurar "garantir a liberdade dos mares, vias de tráfego aéreo e espacial e a segurança das linhas vitais de comunicação".[22]

Não nos iludamos, todavia, como o faz um antiamericanismo ingênuo, achando que essa estratégia é exclusiva ao Departamento de Defesa dos EUA. Ainda recentemente, em 1996, tornou-se público como departamentos de defesa de outros países hegemônicos atuam, com a denúncia do governo da França da possível corrupção envolvendo a concorrência feita pelo governo brasileiro para a implantação do Sistema de Vigilância da Amazônia — o Sivam —, ganha pela empresa Raytheon, dos EUA. Na verdade, a disputa desse projeto entre França e os EUA demonstra seus claros objetivos estratégicos de estabelecer o controle, por meio do conhecimento proporcionado pelo sistema de vigilância, dessa região estratégica, por seu potencial energético, de biodiversidade, de água.

Já é lugar-comum entre os cientistas políticos, de Maquiavel a Gramsci, afirmar que as relações de poder não se esgotam no poder efetivo do seu exercício pela força (exército), embora esse poder efetivo faça parte, sempre, do jogo político. Daí falar-se, sempre, de *correlação de forças* nas análises de conjuntura. O controle de territórios pela via mi-

---

[21] Note-se que a capacidade efetiva de exercer o poder de modo substantivo é *exército*. Note-se, aqui, que o verbo está substantivado.
[22] National Security Strategy for a New Century. DOD, 1998; citado por Ceceña (2001: 19).

litar implica, sempre, um gasto excessivo de energia e, exatamente por isso, não pode ser prolongado. Assim, outras estratégias de exercício do poder são, sempre, postas em marcha para garantir o controle dos territórios considerados estratégicos, para que o seu exercício seja, além de legal, legítimo.

## 9. Qual a nova geopolítica de controle da natureza que se desenha no período neoliberal?

Nos marcos da atual revolução nas relações de poder por meio da tecnologia, três são os recursos naturais estratégicos: a energia em suas diversas fontes, a diversidade biológica e a água.

A energia e a água vêm adquirindo uma importância cada vez maior, sobretudo com o desenvolvimento das indústrias químicas, de engenharia genética e eletrônica e com a expansão do agronegócio. A exploração de minerais raros, encontrados na natureza em proporções ínfimas, desagregados ou dispersos, exige um consumo elevado de energia e de água para que sejam reunidos na proporção socialmente necessária induzida pela lógica da acumulação de capital e para serem tratados nas dimensões *nanoscópicas, finas, moleculares, atômicas* e *genéticas*.

E, como o ciclo de produção não se esgota entre a produção e o consumo — enfim, com os *proveitos* de todo o esforço e criação do processo de trabalho —, há, sempre, *rejeitos* a serem tratados. Os rejeitos, a rigor, não são um problema enquanto (1) se mantenham dispersos e/ou (2) possam ser assimilados nos ciclos metabólicos da natureza, num certo equilíbrio dinâmico no horizonte de vida considerado razoável pelas sociedades. Assim, Vida e História se encontram pela geografia política.

Essas questões estão hoje no centro do desafio ambiental e geopolítico, na medida em que (1) o processo de urbano-periferização concentra populações; (2) o atual padrão de poder mundial distribui desigualmente os seus proveitos e os seus rejeitos; (3) rejeitos de novo tipo são introduzidos no ambiente — (a) os 26 novos elementos químicos sintéticos, além dos cerca de 65 elementos químicos que, até 1945, não eram manipulados em menor escala (nanoscópica) e em maior volume por nenhuma sociedade e (b) os organismos vivos transgenicamente modificados (OTMs). No caso dos novos materiais, sobretudo os sintéticos e os OTMs, não sabemos, de modo minimamente razoável, como se comportarão no ambiente. Tal como fazia Mnemosine, a deusa grega da memória, devemos citar alguns casos para que se mantenham como referências de nossas preocupações: Bhopal (Índia), Seveso (Itália), Chernobyl (Ucrânia), Minamata (Japão), Three Miles Island (EUA), glifosato, asbesto, amianto, ascarel, césio, DDT, estrôncio 90, bário (caso Celubar, Brasil), pentaclorofenato de sódio (pó da china), milho StarLink, vírus Ebola, HIV, SARs, dengue, Roundup Ready, Terminator, vaca louca, gripe do frango (Tailândia, Vietnã, Estados Unidos)...

Observemos que o que está em questão é a matéria na sua espaço-temporalidade: rejeito (lixo) concentrado em alguns pontos do espaço pode significar volumes de matéria não metabolizáveis numa escala de tempo razoável — mesmo quando orgânicos — e, mais grave ainda, quando se trata de rejeitos que implicam tempos de metabolização que se medem em milhares de anos, comprometendo as gerações de hoje e as futuras, como (1) o rejeito radiativo — o que fazer com o lixo hospitalar; com as pilhas e baterias dos celulares; transistores e relógios; com o rejeito nuclear?; (2) com os efeitos dos organismos transgenicamente modificados (OTMs) enquanto poluição genética — como se comportarão as espécies transgenicamente modificadas, que, como toda espécie de vida, se auto-organiza e, assim, se recombina com outras espécies e ganha o mundo por si mesma?; e (3) os rejeitos que se dispersam pelo ar, cujos efluentes vão, no espaço e no tempo, muito além dos lugares onde são produzidos, seja como chuva ácida de efeito local, regional, planetário e transgeracional, seja como efeito estufa ou como aumento do buraco da camada de ozônio, ambos planetários e transgeracionais. Como a dimensão do tempo é fundamental para se compreender o desafio ambiental contemporâneo, registre-se que a descoberta do DNA foi efetuada muito recentemente, em 1953. Entre esta descoberta e a manipulação transgênica propriamente dita se passaram vinte anos (1973), e sua introdução na paisagem e no nosso corpo como alimento nosso de cada dia se deu a partir de 1994[23]. Portanto, estamos diante de processos extremamente recentes quando consideramos o tempo de metabolização e de evolução das espécies.

Estamos diante, pois, de conflitos entre temporalidades distintas. Como o tempo não é algo abstrato como o uso do relógio nos induz a crer, mas, ao contrário, se concretiza nos diversos tempos da matéria, é no espaço que esses conflitos de temporalidades se dão. Enfim, territorialidades em tensão. Na verdade, dizer que o tempo não é algo abstrato já significa um posicionamento diante das temporalidades em tensão no mundo contemporâneo, uma vez que o tempo do capital se quer um tempo de relógio e, assim, um tempo abstrato e indiferente à materialidade nas suas diferentes qualidades (espaço-temporais).

O capital não tem pátria, já ouvimos, e, assim, por meio da questão ambiental, o que se debate é a natureza das rela-

---

[23] De fato, a primeira aplicação comercial dessa técnica se deu em 1982, com microrganismos transgênicos produzindo insulina humana.

ções sociais, culturais e políticas que estabelecemos com a natureza. São racionalidades distintas em conflito, sobretudo a racionalidade econômico-crematística, levada ao paroxismo no capitalismo, e as racionalidades ambientais, conforme sugere Enrique Leff.

Enfim, o que está em jogo no desafio ambiental contemporâneo é a configuração territorial que haveremos de estabelecer e, assim, é toda a geopolítica que está implicada. Ou, dito de outra maneira, o desafio ambiental se coloca no centro do debate geopolítico contemporâneo enquanto questão territorial, na medida em que põe em questão a própria relação da sociedade com a natureza, ou melhor, a relação da humanidade, na sua diversidade, com o planeta, nas suas diferentes qualidades.

## II. O HOMEM

## 10. Quais as implicações ambientais da dívida externa?

As informações acerca do fluxo de recursos financeiros no mundo continuam a mostrar que são os países mais pobres que estão enviando mais recursos para os mais ricos. Destaque-se, em particular, a América Latina e o Caribe, onde regimes ditatoriais se encarregaram de dar início a políticas neoliberais, tendo sido o Chile de Augusto Pinochet o pioneiro. As políticas neoliberais viriam se aproveitar, depois, da crise dos vários regimes ditatoriais que haviam se implantado em resposta às lutas dos anos 1960 para, em nome do fim da ditadura, implantarem suas políticas de Estado mínimo. Os anos recentes demonstram que o Estado vem se tornando mínimo para as questões sociais, mas cada vez mais afinado com os interesses do capital, sobretudo do grande capital (vide as privatizações dos serviços públicos, por exemplo).

Esse modelo neoliberal vem se mostrando extremamente eficiente para esses interesses e os dados são decisivos — a dívida dos países latino-americanos, que era de US$ 46,3 bilhões em 1971, atingira, em 1999, US$ 982 bilhões, mesmo tendo sido pagos US$ 739 bilhões somente no período de 1982 a 1996! Um crescimento da dívida em 21 vezes, entre 1971 e 1999, enquanto, no mesmo período, a população passou de 176 milhões, em 1970, para 391 milhões de habitantes, em 2000, um crescimento de pouco mais de duas vezes! Enfim, a dívida *per capita* passou de US$ 263 para US$ 2.511 no período considerado (GEO 3, 2002: 41, 44 e 50)!

As cifras para o mundo todo, no período de 1980 a 1992, indicam que se pagou US$ 1,662 trilhão, isto é, três vezes o total da dívida que esses países tinham no início do período. Saíram, em média, entre US$ 160 e 200 bilhões por ano dos países do Terceiro Mundo em direção aos países industrializados, entre 1980 e 1992! De 1972 a 2000, o crescimento da população mundial foi de menos de 60% (*ibid.*)!

A dívida externa tem se constituído num verdadeiro novo "pacto colonial". Depois da ruptura unilateral por parte do governo dos EUA (Nixon) com os Acordos de Bretton Woods, em 1972, o mundo todo ficou subordinado à moeda emitida por um só país, dolarizando a economia mundial. O dólar passou, então, a figurar como um novo "exclusivo colonial", instrumento imposto na primeira fase da globalização, por meio das metrópoles ibéricas, que impedia a colônia de comercializar a não ser por intermédio de sua metrópole. Hoje, todo país que queira obter recursos para comercializar no mercado mundial deverá fazê-lo com dólar e, para isso, haverá que vender seus produtos no mercado externo para obter os dólares que lhe permitam pagar sua dívida externa. Ao mesmo tempo, para estimular seus produtores a produzirem para o mercado externo, utiliza-se o recurso de desvalorizar a moeda nacional. Por esse meio, aqueles que exportam, ao fazê-lo, captam dólar no exterior, sem o qual não se paga a dívida externa e, ao mesmo tempo, transformam o dólar que captaram em um maior quantitativo de moeda nacional, posto que desvalorizada. Com esse tipo de política, o país destina importantes recursos naturais e humanos para atender aquilo que o mercado externo pauta como demanda. Assim, cria-se um fluxo permanente de mercadorias, cada vez de maior volume, destinado ao mercado externo, o que contribui para fazer cair os preços das matérias-primas e, para se obter mais dólares, procura-se produzir mais volumes físicos de matéria. Os melhores solos e mesmo o melhor do subsolo são, assim, destinados aos de fora, que recebem o produto limpo, quase sempre à custa de rejeitos e devastação nos locais de produção. Os "de cima", mesmo nos países pobres, têm suas razões para criticar os ambientalistas, que, segundo eles, atrapalham seu progresso.

Os dados acima são enfáticos: não faltam recursos aos países, nem mesmo aos países ditos pobres, para sanar seus problemas socioambientais. A eterna dívida externa tem sido um poderoso instrumento de chantagem, até porque se aproveita de uma reserva moral dos pobres. É conhecido no mercado o baixo nível de inadimplência entre os mais pobres. A dívida tem um sentido religioso — que está inclusive na origem da palavra juros —, o que faz com que a dívida deva ser sempre honrada.

Num sistema social como o capitalista, em que a obtenção de lucros é um objetivo legítimo, não podemos qualificar esses números a não ser como demonstração de eficiência capitalista! Já sua avaliação ética e moral nos obriga a pôr em xeque o sentido de se ter o lucro como objetivo! Há que se buscar alternativas políticas a esse modelo, até porque não é por falta de recursos financeiros que as demandas impostas pelo crescimento da população deixam de ser contempladas. Segundo a ONU (Quijano, 2002), para satisfazer as necessidades básicas do conjunto da população do planeta, bastaria somente 4% das 225 maiores fortunas do mundo. E, para satisfazer as necessidades sanitárias,[24] bastariam 13 bilhões de dólares, isto é, 13% do que, nos Estados Unidos e na Europa, se gasta anualmente com perfume!

---

[24]Em 1998, 4 bilhões de habitantes do Terceiro Mundo não tinham acesso à água potável, nem a energia elétrica e 50% das crianças sofriam de desnutrição.

## 11. Quais os impactos ecológicos da urbanização?

Embora a população mundial venha apresentando taxas de crescimento cada vez menores, o fenômeno urbano continua acalentando o velho discurso malthusiano. Afinal, o poder das cidades para difundir suas ideias é maior que o do campo. E, nas cidades, não são as ideias em geral que circulam, mas, sobretudo, as ideias das classes dominantes. Assim, o crescimento da população urbana tem realimentado o discurso terrorista da *explosão* demográfica, do *population bomb*, do *baby boom*. Afinal, expressões como *explosão* e *bomba* falam por si mesmas e, normalmente, são convites a não pensar, posto que induzem ao pânico, ao medo, típico do terrorismo.

Entretanto, ainda hoje, segundo os informes da ONU de 2001 (GEO 3, 2002: 240 e seg.), a maior parte da população mundial continua no campo (53%), enquanto somente 47% são urbanos. Destes últimos — quase 3 bilhões de pessoas —, cerca de 924 milhões estão em favelas, 94% na África, na Ásia, na América Latina e Oceania, segundo a ONU. Ou seja, a população mundial que vive em favelas é maior do que a população total dos países desenvolvidos (Canadá, EUA, Japão e Europa)!

É grande o impacto ambiental provocado pelo aumento da concentração de população em alguns pontos do espaço geográfico, seja em cidade, seja em periferias. A concentração geográfica implica, por si mesma, questões ambientais que não se colocam quando a população está dispersa nas áreas rurais, como o lixo, o abastecimento de água, o saneamento básico, quando, enfim, a saúde pública se torna um problema ambiental de grande envergadura. Os custos financeiros para garantir as condições ecológicas básicas de reprodução da vida (coleta de lixo, redes de água e saneamento básico para milhões de habitantes concentrados) são enormes.

Estamos, assim, diante da manifestação concreta dos efeitos do aumento da entropia, com a alteração dos ciclos biogeoquímicos da vida no planeta. Com o crescimento das populações em aglomerados urbano-periféricos, não só aumenta exponencialmente a demanda por matéria e energia mas, sobretudo, são alteradas completamente a relação espaço-temporal dos ciclos biogeoquímicos. Vejamos isso mais de perto.

O impacto ambiental da população urbana não se reduz exclusivamente à escala local ou ao sítio urbano propriamente dito. É o que nos ensina a análise da *pegada ecológica*[25] calculada para algumas cidades em diferentes regiões do mundo. Londres, por exemplo, abriga 12% da população total do Reino Unido, todavia, exige uma *pegada ecológica* de 21 milhões de hectares ou, simplesmente, toda a terra produtiva do Reino Unido, segundo cálculos de Herbert Giardet do London Trust (*apud* GEO 3, 2002: 243)!

O professor canadense William Rees, da Universidade da Colúmbia Britânica, calculou a *pegada ecológica* de Vancouver, cidade onde vive. Chegou à conclusão de que a área exigida para manter o nível de vida da população é de 174 vezes a área de sua própria jurisdição! No caso de Londres, essa relação é de 125 vezes e, no caso das 29 cidades da bacia do mar Báltico, é de 200 vezes a sua própria área (*ibid.*).

---

[25] A *pegada ecológica* estima a pressão humana sobre os ecossistemas mundiais. Segundo o Pnuma (GEO 3, 2002: 36), é uma unidade de área que "corresponde ao número necessário de hectares de terra biologicamente produtiva para produzir os alimentos e a madeira que a população consome, a infraestrutura que utiliza, e para absorver o $CO_2$ produzido durante a queima de combustíveis fósseis. Por conseguinte, a *pegada ecológica* leva em conta o impacto que a população produz sobre o meio ambiente. A *pegada ecológica* depende do tamanho da população, do consumo médio de recursos *per capita* e da intensidade dos recursos tecnológicos utilizados".

Segundo o informe do Pnuma de 2002, "uma cidade média da América do Norte com uma população de 650 mil habitantes requer 30.000 km² de terra, superfície aproximada da ilha de Vancouver, Canadá, para satisfazer suas necessidades internas sem considerar as demandas ambientais da indústria. Em contraste, uma cidade da Índia de um tamanho similar requer somente 2.900 km²" (GEO 3, 2002: 243). Em outras palavras, um habitante de uma cidade típica da América do Norte tem uma *pegada ecológica* de 461 hectares, enquanto na Índia uma *pegada ecológica per capita* é de 45 hectares!

Para o período de 1970 e 1996, a *pegada ecológica* mundial aumentou de 11 bilhões para 16 bilhões de hectares, um aumento de 45%. A média de hectares de *pegada ecológica* do mundo permaneceu em torno de 2,85 hectares *per capita* acompanhando, portanto, o crescimento demográfico do planeta no período (GEO 3, 2002: 36). Vejamos esses dados, por região: na África, a pegada ecológica é de 1,5 hectare, muito abaixo da média mundial (2,85 hectares); na Ásia e no Pacífico, a pegada ecológica nem sequer alcança 1,8 hectare; na América Latina e no Caribe, no Oriente Médio e na Ásia Central ela gira em torno da média mundial; na Europa Central e Oriental, a pegada ecológica se aproxima de 5 hectares, 75% acima da média mundial; na Europa Ocidental, chega a 6 hectares, ou seja, 110% maior que a média mundial e, nos EUA, corresponde a 12 hectares *per capita*, isto é, 425% a média mundial! Isso significa que um americano médio equivale, em termos de impacto sobre o planeta, a cerca de dez africanos ou asiáticos!

Atentemos, pois, para o fato de que entre 1970 e 1996 a pegada ecológica permaneceu em 2,85 de unidade média, o que deveria ser suficiente para deixar clara a injustiça ambiental que sustenta o atual modelo e seu padrão de poder mundial.

Afinal, tendo a população aumentado muito mais na África, na Ásia e na América Latina e Caribe durante esse período e tendo se mantido a média *per capita*, fica claro que o crescimento demográfico dessas populações não é o fator responsável pela manutenção dessa pegada ecológica que tanto vem agravando os problemas ambientais globais, com seus níveis de gravidade diferenciados regional e localmente. Ao contrário, se a pegada ecológica das populações dessas áreas aumentasse na mesma proporção do seu crescimento demográfico, os problemas ambientais teriam seus efeitos (efeito estufa, buraco na camada de ozônio, lixos e resíduos os mais diversos, perda de diversidade biológica e cultural) ainda mais trágicos. Assim, a manutenção dessa pegada ecológica média global abriga a colonialidade de poder que a sustém.

Esses dados nos autorizam a afirmar que há um forte componente de injustiça ambiental subjacente ao atual padrão de poder mundial. Isso nos permite falar de uma verdadeira dívida ecológica das populações urbanas para com as rurais, assim como das populações dos países industrializados em relação às populações dos países situados no polo dominado das relações sociais e de poder inscritas na atual geopolítica mundial.

## 12. Fome e meio ambiente: quais as consequências do atual modelo agrário-agrícola de uso dos recursos naturais?

Já em 1946 Josué de Castro escrevia que a fome era o problema ecológico número um. Afinal, todo ser vivo precisa se alimentar. O que surpreende é que Josué de Castro tenha dito isso numa época em que a questão ecológica nem sequer estava pautada e que os ambientalistas, ainda hoje, não o considerem um dos mais importantes pensadores e ativistas da questão. Até mesmo o Programa das Nações Unidas para o Meio Ambiente (Pnuma), em seu último relatório *Perspectivas del Medio Ambiente Mundial,* ignora completamente a problemática da fome (GEO 3, 2002: 31).

A alimentação é uma questão-chave para a reprodução das espécies, tanto quanto o acasalamento e a proteção (abrigo) dos filhos, constituindo hábitats e hábitos, territórios e culturas. Toda a evolução da vida se dá por meio das cadeias alimentares e tróficas e depende da radiação solar para a produtividade biológica primária líquida do planeta (fotossíntese).

O sucesso de qualquer espécie animal depende, portanto, da resolução da questão da alimentação, do abrigo e proteção por meio da constituição de seus hábitats e de seus hábitos. A arqueologia, a antropologia e a geografia política se tornam ciências importantes para nos esclarecer, no caso específico da espécie humana, como os diferentes territórios foram se constituindo ao longo da história. A constituição de diferentes modos de estar juntos (proxemia), o que implica uma espacialidade (estar junto), indica a relação entre as instituições que fazem com que determinado agrupamento humano se distinga dos demais, o que torna seus membros estes e não outros — e que se sintam como tais — e o espaço que ocupam como seu espaço de vida e que conformam como mundo de vida. Isso implica questões como o aprisionamento, guerras e troca de mulheres; tabus de incesto; as múltiplas modalidades de casamento e famílias; a manutenção do fundo de fertilidade da terra (água, ar, solos, fauna e flora); a diversidade de culturas (cerimônias, festas, rituais e a política), enfim, as diferentes territorialidades.

O advento da agricultura, entre 11 mil e 8 mil anos atrás, se deu em diversas regiões do planeta de modo independente. A espécie humana, embora biologicamente a mesma, diferenciou-se pela cultura. A prática da agricultura e da pecuária não substituiu o extrativismo (caça, coleta e pesca) como uma visão evolucionista, infelizmente, ainda está muito arraigada. Na verdade, a combinação da agricultura com terras de uso comum — seja para pasto, seja como fonte de coleta de madeira, de ervas medicinais e outros frutos — foi a prática mais difundida em todos os continentes.[26]

O que a espécie humana conseguiu por meio das *agriculturas* foi a *segurança alimentar*, expressão que, hoje, volta a ganhar o debate político. Afinal, domesticar espécies animais e vegetais é torná-los parte de nossa casa (em latim, *domus*, daí domesticar). Deste modo, mais uma vez, alimento e abrigo voltam a se encontrar, conformando um conjunto de questões interligado para oferecer maior segurança a cada grupo, que, assim, se constitui por meio de sua cultura, constituindo seus territórios (domínios).

Transformar um ecossistema num agroecossistema implica, sempre, perdas, seja de diversidade biológica, seja de volumes físicos de solos, pela exposição mais direta à radiação solar, aos ventos e às chuvas. O domínio do fogo teve um papel importantíssimo na história, ao proporcionar um maior rendimento no arroteamento (conversão de ecossistemas naturais em agroecossistemas).

Administrar a perda de solos foi em grande parte possível a partir do conhecimento de que as cheias e vazantes dos rios se encarregavam de repor a fertilidade dos solos e, daí, grandes civilizações puderam se firmar na Mesopotâmia do Tigre

---

[26] No Brasil, ainda nos anos 1970, era amplamente dominante no Cerrado, na zona dos Cocais (sobretudo no Maranhão) e na Amazônia, portanto, em aproximadamente 70% do nosso território, sem contar com os campos e as serras gerais, os faxinais, as terras de preto, as terras de índio, as terras de santo, as terras indígenas, os quilombos e várias outras modalidades de terras de uso comum existentes entre nós.

e do Eufrates, ou às margens do Nilo, do Ganges, na Índia, do Amarelo e do Azul, na China, entre tantas.

Outros povos e culturas, como os indígenas da América Central, Caribe e América do Sul, se constituíram sabendo conviver com uma produtividade biológica primária líquida fantástica, característica das regiões tropicais, onde se podem obter de 350 a 550 toneladas de biomassa por hectare, como na Amazônia. Pode-se dizer, parodiando o que Heródoto dissera para o Egito com relação ao Nilo, que culturas diversas, como a dos ianomâmis, dos ticunas, dos cunas, dos campas, dos caribes, e uma enorme diversidade de outros povos e culturas, são uma dádiva da floresta tropical, com a ressalva de considerarmos que essas populações também contribuíram na formação dessas florestas, como já indicamos em outro lugar (Porto-Gonçalves, 2002).

A agricultura, por implicar a seleção, eleição e invenção de determinadas espécies, pode tornar essas mesmas espécies mais vulneráveis a doenças, ao ataque de animais predadores e insetos, sobretudo quando simplifica demasiado os fluxos de matéria e energia, enfim, o complexo metabolismo da vida. Um dos maiores patrimônios de que a humanidade dispõe é a diversidade de cultivares forjados nos mais diferentes nichos, adaptados à seca e à umidade, a altitudes as mais diversas, assim como soluções para manter, pela cultura (conhecimento técnico, mítico e religioso), o equilíbrio das espécies eleitas, selecionadas e cultivadas. Ainda recentemente um artigo publicado em *Science*[27] (Diamond e Bellwood, 2003; *apud* Lopes, 2003) dá conta de que há uma forte correlação entre a agricultura e a expansão e consolidação dos diversos troncos linguísticos existentes ainda hoje no planeta.

---

[27]Consultar o *site* www.sciencemag.org

Por todo lado, o conhecimento ganha uma enorme importância — seja porque *se sabe* que as cheias e vazantes repõem a fertilidade dos solos, seja porque *se sabe* se vai chover ou não, seja porque *se sabe* manejar o fogo, seja porque *se sabe* manejar a produtividade ecológica dos bosques tropicais, dos manguezais, dos rios e mares, seja porque *se sabe* que o fluxo sanguíneo ou das seivas não é o mesmo na lua cheia, nova, crescente ou minguante, seja enfim porque *se sabe* prever, até certo ponto, o futuro. O adivinho, o pajé, o curandeiro, o sacerdote, o sábio anteciparam o cientista e o técnico e, ainda hoje, são importantes acervos de conhecimentos forjados a partir de outras matrizes de racionalidade. Assim, além da diversidade biológica, há todo esse legado de conhecimento sobre espécies, inclusive de espécies de cultivares, portanto, espécies criadas (biotecnologia), que a humanidade herdou por meio dessas variadas culturas e de seus povos.

Assim, o advento da agricultura e da pecuária tornou possível armazenar alimentos para "os sete anos de vacas magras", no dizer bíblico, assim como colocou novas exigências para manter o fundo de fertilidade natural (genética e física) dos solos para a produção e reprodução de alimentos, sem o que nenhuma civilização se mantém de pé.

A domesticação de espécies por meio da constituição do território (hábitats e hábitos) objetiva, fundamentalmente, garantir a *segurança alimentar*, para o que se torna importante o produto — o alimento — mas, sobretudo, o domínio do processo de produção-reprodução, o que pressupõe o conhecimento acerca dos segredos da reprodução, do sêmen e da semente. Daí a diversidade cultural se tornar uma questão política central.

O advento de uma agricultura monoespecializada, voltada exclusivamente para o mercado, tem sido responsável pela dissociação entre agricultura, pecuária e o extrativismo (caça, coleta e pesca), cuja consorciação, até muito recentemente, estava amplamente disseminada pelo mundo.

Observe-se que o objetivo de *segurança alimentar* inerente a múltiplas *agri*culturas e seus consórcios começa, com as monoculturas, a ser subvertido, trazendo sérias consequências políticas, quase sempre olvidadas pela ideologia economicista e os sucessos tecnológicos obtidos com as revoluções agrícolas (motomecanização, agroquímica, seleção e melhoramento genético). Josué de Castro chamara a atenção para o fato de, no Nordeste, ao contrário da ideia já consagrada da fome associada à seca, é na Zona da Mata de solos férteis de massapê e de chuvas bem regadas que a fome é *endêmica*, isto é, estrutural, enquanto no semiárido do sertão a fome é *epidêmica*, isto é, restrita a períodos críticos de escassez de chuvas. A razão, para ele, estava na estrutura agrária de latifúndio e em seu caráter de monocultura de exportação.

Vê-se que a questão de fundo posta pela domesticação das espécies (agricultura, pecuária e todo o conhecimento inscrito na caça, coleta e pesca) — a *segurança alimentar* — é deslocada pela lógica mercantil. A monocultura de alimentos (e outras) é, em si mesma, a negação de todo um legado histórico da humanidade em busca da garantia da segurança alimentar, na medida em que, por definição, a monocultura não visa a alimentar quem produz e, sim, à mercantilização do produto. Nem sequer podemos falar de produção de excedentes com a monocultura, até porque essa ideia pressuporia que o produtor direto vende o excesso, o que está longe de ser o caso. Assim, a relação entre o produtor e o produto muda de qualidade e, mais ainda, a quantidade torna-se a qualidade mais desejada. Não raro, as regiões especializadas em agricultura de exportação — sobretudo na Ásia, na África e na América Latina e Caribe — vivem frequentemente diante da insegurança alimentar não só porque os melhores solos são destinados a produzir para fora, como é concentrada a propriedade da terra, além de ficarem essas regiões vulneráveis às oscilações dos mercados. Enfim, a insegurança alimentar caracteriza essas áreas.

A expansão da urbanização moderna teria sido impossível sem a separação entre a agricultura e a pecuária. Grandes extensões de terra seriam necessárias para o cultivo caso a energia continuasse a ser por tração animal, pois seria imprescindível também a produção de alimento para o gado (forragem). A separação entre agricultura, pecuária e extrativismo é, histórica e ecologicamente, um passo decisivo no rompimento de um elo fundamental da cadeia trófica à qual a espécie humana está condicionada, na medida em que separa a vida vegetal (agricultura, coleta de frutos e de ervas) da vida animal (pecuária, caça e pesca).

"Luz do Sol que a planta traga e traduz em verde novo", disse o poeta Caetano Veloso, indicando-nos, com isso, o profundo significado da fotossíntese, luz sem o que a vida, nenhuma vida, pode se fazer vida. Afinal, os animais — com a exceção, talvez, dos zooplânctons — dependem de uma produção primária de fotossíntese e só a partir dela se podem ter herbívoros, a partir desses os carnívoros e toda a complexidade que constitui a cadeia alimentar no interior de que se desenvolvem complexos ciclos de carbono, hidrogênio, nitrogênio, água e outros. Na fonte de tudo, a tudo movendo, o Sol, energia que se renova todo dia.

Assim como aprendemos sobre a importância da energia, com o uso generalizado do carvão e do petróleo desde a Revolução Industrial, é importante que aprendamos, também, que o alimento é, rigorosamente, a energia que move todo ser vivo, inclusive a espécie humana. Assim, deixar de prover o próprio alimento é colocar a autonomia de qualquer agrupamento humano em risco ou dependente de terceiros, daí falar-se, também, de soberania alimentar. O controle do fluxo de alimentos é, assim, controle de fluxos de energia e, como tal, de enorme importância estratégica.

Consideremos, ainda, que as plantas têm, por sua própria natureza, o caráter de fixar a energia num duplo sentido: (1) ela fixa a energia enquanto clorofila e, (2) por ser fixa no sentido geográfico da captação, depende da incidência de radiação solar, que, por sua vez, está condicionada pela posição geográfica, ou melhor, pela exposição ao sol em função da latitude e, no detalhe, da conformação das encostas em face dessa exposição. A enorme produtividade biológica primária das regiões tropicais — biomassa por área — tem relação direta com a disponibilidade de energia solar. Nos últimos tempos, os produtores de soja vêm assinalando a importância desse fator.

Não menosprezemos, pois, os efeitos políticos e culturais que daqui derivam, posto que, sendo as plantas fixas geograficamente na captação de energia, os animais (a espécie humana incluída), por sua própria natureza, vão buscá-la se automovimentando ou fazendo com que essa energia se movimente até o destino que determinem. Toda a questão, aqui nesse segundo caso geopolítico, passa a ser quem determina o sentido e a direção desse fluxo.

No primeiro caso, é preciso considerar que os seres humanos se fizeram (e se fazem) enquanto humanos (hominização), movimentando-se em busca da energia-alimento tal e como a natureza, com sua produtividade ecológica própria, a distribui ao sabor de sua geografia. As atividades de caça, coleta e pesca, ainda hoje, habitam cada um dos urbanos quando fazem suas caminhadas e trilhas, ou quando recobram suas energias caçando e pescando; assim como são atividades que fazem parte do dia a dia de milhões de camponeses e pastores ao redor do mundo.

Vejamos um pouco mais de perto as implicações ecológico-políticas (energético-alimentares) desse caráter urbano-mercantil, desse padrão de poder do sistema-mundo moderno-colonial. "O produto primário líquido dos continentes é de 1,837 trilhão de toneladas de biomassa; os oceanos contribuem com cerca de 3,9 bilhões de toneladas para essa produção líquida. De longe, a região mais produtiva é a floresta tropical, com 765 bilhões de toneladas de biomassa (acrescentando-se florestas tropicais sazonais, 1,025 bilhão de toneladas). As florestas da região temperada (incluindo pastagens e plantações) produzem 385 bilhões de toneladas líquidas de biomassa, portanto, menos que a metade da produção das florestas tropicais" (Altvater, 1995: 41).

Consideremos, ainda, que as plantas, além de fixarem a energia solar, também fixam a água no seu metabolismo e, assim, com sua própria existência, impõem ao ciclo da água uma dinâmica biológica. Um certo equilíbrio hídrico e, por esse meio, climático do planeta depende, portanto, dessa distribuição natural diferenciada de biomassa, fruto da produtividade desigual e combinada do planeta acima indicada.

Estamos diante, pois, de uma importante questão geopolítica, na medida em que as regiões de maior produtividade biológica do planeta — as tropicais — não são aquelas onde é maior a produtividade econômica, as regiões temperadas. Há os que veem nisso não só a afirmação das virtudes criativas da espécie humana — ideia conveniente ao antropocentrismo renascentista e, ainda, uma demonstração inequívoca da superioridade branca, burguesa e fálica europeia, reforçada pelo autoconsiderado sucesso norte-americano, australiano e neozelandês.

Entretanto, essa produtividade econômica maior das regiões temperadas tem um alto custo ecológico, cultural e político para o mundo todo, na medida em que a extrema especialização, tanto no sentido da monocultura como no da dependência de alguns poucos cultivares, torna esses agroecossistemas vulneráveis não só a pragas, a variações climáticas como, também, extremamente dependentes de insumos externos, como adubos, venenos (ou defensivos agrícolas) e energia vindos de outras regiões.

Salientemos que toda uma ciência agronômica e florestal, com base na racionalidade científica europeia, tem sido desenvolvida para tornar mais eficientes em produção de biomassa exatamente áreas — como essas das regiões temperadas — que dispõem de menor intensidade de energia solar em relação às regiões tropicais, num contrassenso que só se explica pela importância que certo tipo de conhecimento, o conhecimento técnico-científico, e a regulação jurídica da propriedade a ele associada (patentes e assemelhados) passam a ter para os países hegemônicos e as grandes corporações que, hoje, praticamente detêm o monopólio não do conhecimento *tout court*, mas desse tipo de conhecimento específico que, cada vez mais, depende de recursos maiores para a pesquisa e o desenvolvimento.

Essa concentração de dependência se aplica a cada um dos quatro principais grãos — trigo, arroz, milho e soja — para o ano de 2001 (Gallinkin, 2002). Apenas cinco países — Estados Unidos, Canadá, França, Austrália e Argentina — são responsáveis por 88% das exportações mundiais de trigo. Tailândia, Vietnã, Estados Unidos e China representam 68% de todas as exportações de arroz. No caso da soja, apenas três países — EUA, Brasil e Argentina — são responsáveis por 82% da produção mundial. No milho, a concentração é ainda maior, pois só os Estados Unidos são responsáveis por 78% das exportações e a Argentina por 12%.

Assim, com o conhecimento produzido em laboratórios de grandes empresas, em associação cada vez mais estreita com o Estado, a propriedade intelectual individual (patentes) se coloca em confronto direto com o conhecimento patrimonial, coletivo e comunitário característico das tradições camponesas, indígenas, afrodescendentes e outras originárias de matrizes de racionalidade distintas da racionalidade atomístico-individualista ocidental (Porto-Gonçalves, 1989).

Esse conflito se manifesta na reiterada recusa em não reconhecer os direitos coletivos e patrimoniais de populações que detêm conhecimentos ancestrais. Esses conhecimentos são, paradoxalmente, reconhecidos *de facto* pelas grandes corporações, que deles se apropriam com o apoio dos Estados onde residem seus principais proprietários e acionistas que lhes dão a segurança *de jure* (patentes e direitos de propriedade intelectual individual). O trigo hoje cultivado no Canadá, por exemplo, tem genes procedentes de 14 países diferentes. O milho manipulado nos EUA tem sua origem no México, assim como os genes dos pepinos ali cultivados são procedentes do Mianmar, da Índia e da Coreia, todos esses genes tendo sido adquiridos sem nenhuma contrapartida econômica, diferentemente das sementes melhoradas que exportam os países hegemônicos. Segundo José Santamarta (2002), "as multinacionais dos EUA, da União Europeia e do Japão pretendem obter grátis, sobretudo nos países do Terceiro Mundo, os recursos genéticos para logo vender-lhes a preços de usura as sementes, animais ou medicamentos obtidos, com base na 'propriedade intelectual'".

O conhecimento, sempre essencial para a reprodução, tende a se dissociar daqueles que, até aqui, o construíram e, assim, o fazer tende a separar-se do pensar. Deste modo, além da separação da agricultura tanto da pecuária como da caça, da coleta e da pesca, o que está em jogo, hoje, é a separação, ainda mais radical, do saber e do fazer, só que, agora, por meio da dissociação do conhecimento acerca da reprodução dessa energia vital, que é o alimento nosso de cada dia.

Cerca de

> (...) 90% de nossa alimentação procede de apenas 15 espécies de plantas e de oito espécies de animais. Segundo a FAO, o arroz provê 26%, o trigo 23% e o milho 7% das calorias da humanidade. As novas espécies de cultivares substituem as nativas, uniformizando a agricultura e destruindo a diversidade genética. Só na Indonésia foram extintas 1.500 variedades de arroz nos últimos 15 anos. À medida que cresce a uniformidade, aumenta a vulnerabilidade. A perda da colheita da batata na Irlanda em 1846, a do milho nos Estados Unidos em 1970 ou a do trigo na Rússia em 1972 são exemplos dos perigos da erosão genética e mostram a necessidade de preservar variedades nativas das plantas, inclusive para criar novas variedades melhoradas e resistentes às pragas. (...) a engenharia genética levará à perda de milhares de variedades de plantas, ao cultivar-se só algumas poucas com alta produtividade, para não falar de outros muitos perigos, agravando os efeitos da Revolução Verde das décadas passadas (José Santamarta, *ibid.*).

Não estranhamos, pois, quando sucessivos acordos e tratados diplomáticos que falam de transferência de tecnologia não passam de gasto de tinta e papel, sem nenhuma consequência prática. Aliás, estamos imersos aqui numa contradição de fundo da sociedade moderno-colonial atual e de seu modo de produção de conhecimento, que se deu — e se dá — negando ao outro, ao diferente, até mesmo a ideia de que produz conhecimento — daí falar-se sem-cerimônia, de transferência de conhecimento e não de diálogo entre matrizes de racionalidade distintas. Vimos, entretanto, que, tal como disse Galileu Galilei, o mundo se move, e o conhecimento local, seja ele camponês, nativo, aborígine, indígena, autóctone ou outro nome que a eles se atribua, continua sendo produzido e, como vimos, apropriado sem reconhecimento por grandes corporações extremamente ciosas da propriedade quando própria e não alheia.

Com o monopólio das sementes (e do novo modo de produção do conhecimento a ele associado) a produção tende a se dissociar da *re*produção (Vandanna Shiva, 2001) e, assim, a *segurança alimentar*, perseguida por agrupamento humano durante todo processo de hominização, passa a depender de algumas poucas corporações que detêm uma posição privilegiada nas relações sociais e de poder que se configuram. A insegurança alimentar passa a ser, paradoxalmente, cada vez mais a regra. A agricultura inglesa, por exemplo, importa cada vez mais. De cada cinco frutos vendidos, quatro vêm do exterior e não dos pomares domésticos, antes tão numerosos no campo inglês. Segundo Jorge Rulli (2002), do Grupo de Reflexão Rural (GRR), da Argentina,

> na Argentina, muitos analistas diziam que o país "es el *granero del mundo*", mas esse é um diagnóstico equivocado. O atual modelo agropecuário, baseado na produção de soja GM (sic), está nos transformando em uma *republiqueta sojera*. O monocultivo está destruindo a segurança alimentar e a vida rural e, nesse sentido, é a antessala da fome.

No Brasil, o desenvolvimento do novo modelo agrário-agrícola também mostra o mesmo sentido ao apontar para um modelo em que o monocultivo acentua a dependência do agricultor diante do complexo industrial-financeiro extremamente oligopolizado e, com isso, aumenta a insegurança alimentar, tanto dos agricultores e suas famílias como do país como um todo. A produção de soja no Rio Grande do Sul, até os anos 1960, estava associada à produção de trigo, de milho e a pastagens para gado bovino, além da criação de porcos e todos os seus derivados (banhas, linguiças etc.). Desde os anos 1970 esse sistema de uso da terra, e toda a cultura a ele associado, vem sendo substituído por um sistema que tende para o monocultivo sobretudo da soja, com todas as implicações decorrentes. Consideremos que, no antigo sistema de rotação de culturas, a soja, na verdade, subsidiava o solo com azoto (nitrogênio) e, além disso, a criação de animais garantia não só descanso (pousio) da terra, como também parte do adubo (esterco) e, com isso, proporcionava as condições ideais para o cultivo exigente do trigo. O trigo se constituía no centro desse sistema de uso da terra, que visava a garantir o abastecimento nacional do pão nosso de cada dia e, assim, a segurança alimentar. Assim, a segurança alimentar que esse sistema representava mantinha fortes relações com a própria estrutura agrária da zona colonial gaúcha, que, desde o início, visava ao abastecimento das tropas que guardavam as fronteiras na Campanha gaúcha. Vê-se, assim, que esse sistema de uso da terra estava associado à ideia de um projeto nacional. Não estranhemos, pois, que a insegurança alimentar mantenha fortes relações com um sistema agrário-agrícola que visa à mercantilização generalizada, como o que vem caracterizando o período neoliberal.

Com o novo sistema, observamos não só a tendência ao monocultivo, como, também, a concentração fundiária chegando a regiões do Rio Grande do Sul, como a zona colonial, onde a propriedade familiar camponesa era característica, contribuindo, assim, para aumentar a dependência do agricultor do complexo industrial-financeiro. As contradições desse processo são captadas pelo imaginário popular por meio de piadas, como a que diz que o Banco do Brasil é *cemitério de gaúcho*, tamanha são as dívidas do agricultor junto aos bancos, ou a que diz que gaúcho já não chama mais a mulher de *meu bem* com medo de que ela venha a ser hipotecada. O surgimento do Movimento dos Trabalhadores Rurais Sem Terra (MST) tem uma forte ligação com essas transformações de uma agricultura camponesa para uma agricultura capitalista.[28]

## 13. Quais são as implicações ambientais específicas do atual modelo agrário-agrícola?

O processo de reprodução ampliada do capital que opera o atual modelo agrário-agrícola está ancorado em dois pilares básicos: (1) o uso de um modo de produção de conhecimento próprio do capital que se traduz na supervalorização da ciência e das técnicas ocidentais (que se querem universais) e (2) a expansão da área de terras cultivadas.

A expansão exponencial do uso de adubos e fertilizantes, herbicidas, pesticidas e fungicidas há décadas vem sendo objeto de intensas críticas de ambientalistas, de órgãos ligados à saúde e de sindicatos de trabalhadores, sobretudo rurais. Nos últimos cinquenta anos, enquanto a produção de grãos aumentou 3 vezes, o uso de fertilizantes foi multiplicado simplesmente 14 vezes, segundo dados da FAO (Mazoyer, 2003).[29]

---

[28]Esclareça-se que essa oposição entre agricultura camponesa e agricultura capitalista não deve ser assimilada ao novo maniqueísmo, no qual tudo é reduzido a uma lógica binária em que de um lado está, sempre, o mercado. Agricultura camponesa não é o oposto da agricultura de mercado. Os camponeses sempre mantiveram relação com o mercado, desde tempos imemoriais. A agricultura capitalista é *uma* forma de agricultura de mercado e não *a* agricultura de mercado. O mercado é anterior ao capitalismo e pode a ele sobreviver. O que o mercado não pode, e nem pretende, é criar uma sociedade, até porque uma sociedade não se resume a dimensão econômica. Logo, se me permitem, *sociedade de mercado* é um absurdo lógico e bem pode ser um absurdo prático, como estamos vendo com a exacerbação neoliberal.
[29]Visitar o *site* da FAO na internet: www.fao.org.

Assim, a relação entre produção de grãos e uso de fertilizantes caiu de 42 para 13 toneladas de grãos por tonelada de fertilizante usada entre 1950 e 2000. Uma queda significativa!

Assim, saltam à vista as limitações ecológicas desses agroecossistemas, na medida em que, sendo extremamente simplificados, são, por isso mesmo, dependentes de insumos externos para manter seu *equilíbrio dinâmico*. A contaminação das águas dos rios e do lençol freático tem levado à diminuição das espécies e do número de peixes e, com isso, vem trazendo prejuízos às populações ribeirinhas, enfim, à diversidade biológica e cultural. A pesca, por exemplo, uma atividade historicamente complementar à agricultura, fica, deste modo, prejudicada.

Aqueles que trabalham na agricultura sofrem, ainda, o impacto direto do uso desses derivados da agroquímica, com sérios danos à sua saúde, conforme acusa uma ampla literatura médica e científica.

A ampliação do uso de fertilizantes e outros insumos para garantir a produtividade produz efeitos também com relação à erosão dos solos e à dinâmica hídrica, conforme o argentino Jorge Rulli nos chama a atenção. É ele quem nos diz:

> (...) cremos que as inundações sejam o resultado de um modelo agrícola extrativo, quase mineiro, que expandiu a fronteira agropecuária sojeira a zonas de bosque nativo e que saturou os solos com glifosato, pondo em sérios riscos sua vida microbiana. De fato, as estatísticas demonstram que sobre pouco mais de 10 milhões de hectares de cultivos transgênicos estão sendo aplicados cerca de 80 milhões de litros de herbicidas anuais. Em alguns lugares se tem experimentado o desaparecimento prático das *Azotobacter* (bactérias fixadoras de azoto) do solo e a acumulação dos *barbechos*, que, ao não ser proces-

sada a celulose, tende a mumificar-se, tomando uma coloração muito particular que mostra a interrupção dos ciclos biológicos. Esta conversão do solo em substrato similar a cinzas ou areia impede a retenção da água e provoca o crescimento das napas superficiais, que são as que terminam inundando as zonas baixas (Rulli, 2002).

Passemos agora ao segundo pilar sobre o qual está ancorado o atual modelo agrário-agrícola: a expansão das terras cultivadas, que se constitui numa ameaça à diversidade biológica e cultural.

A melhoria considerável nas condições de armazenamento, transportes e comunicações, sobretudo nos últimos quarenta anos, permitiu não só um aumento da produtividade social total como, também, que novas áreas pudessem ser incorporadas ao mercado em todo o mundo. Os financiamentos do Banco Mundial e outras agências multilaterais para "ajuda ao desenvolvimento" cumpriram, também aqui, um papel fundamental.

Assim, a diminuição da renda diferencial por localização e da renda diferencial por fertilidade, esta em função do modelo *capital intensive*, contribui para a expansão da área cultivada, que tem se tornado fundamental tanto para o aumento do volume de produção como para a acentuada queda dos preços dos grãos e, pouco se fala, para um aumento da concentração de capital e diminuição do trabalho. Fala-se, até, de uma agricultura sem agricultores.

A tabela a seguir nos ajuda a ver o papel que a terra tem enquanto extensão para o atual modelo agrário-agrícola, demonstrando, mais uma vez, que o desenvolvimento técnico-científico não é o responsável exclusivo pelo aumento da produção.

## Custos da produção de soja
## Iowa (EUA) e Mato Grosso (Brasil)
### Média por hectare em 2001 — em US$

| Custo | Iowa | Mato Grosso |
|---|---|---|
| Terra | 350,0 | 57,50 |
| Trabalho | 33,90 | 12,50 |
| Capital | 274,32 | 365,0 |
| Outros | 38,78 | 40,00 |
| Total | 697,0 | 475,0 |
| Sacas p/ hectare | 55 | 60 |

Fonte: Baseado em Duffy, Michael e Darnell Smith (2000); Gallinkin, (2002) e João G. Martines-Filho; *apud* Baumel, McVey e Wisner (2001).

Observemos que o custo da terra responde por 50,2% dos custos de produção nos EUA e, no Brasil, somente por 12,1%. Por outro lado, os custos com capital (máquinas, sementes, adubos, agrotóxicos e demais) são de 39,4% nos EUA e de 76,8% no Brasil, sempre nos estados considerados. Atentemos que o custo com o trabalho é baixo tanto nos EUA (4,9%) como no Brasil (2,6%), embora lá seja praticamente duas vezes o daqui. Como se trata de produção de *commodities*, seus custos são diretamente dolarizados e, assim, é importante observar que quem mais ganha nos EUA é o dono da terra — US$ 350 contra US$ 274,32 de custo com capital. Já no Brasil, o custo da terra cai para US$ 57,5 em média contra US$ 365 de custo com capital. Assim, o complexo técnico-científico industrial ganha muito mais no Brasil não só em termos absolutos — US$ 365 contra 274,32 nos EUA — como em termos relativos — 76,8% contra 39,4% nos EUA. Já com a terra, os custos, nos EUA, perfazem US$ 350, contra US$ 57,5 no Brasil. Esse preço da terra, tão baixo entre nós, está rela-

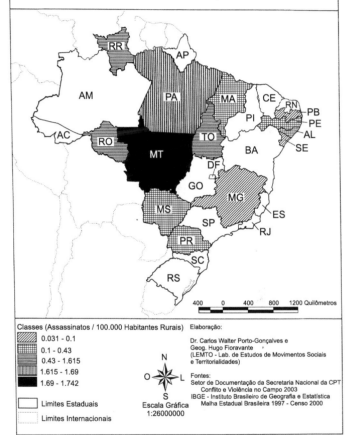

cionado à estrutura do poder político com base na extrema concentração da terra no Brasil, ao contrário dos EUA. Como a terra é uma dádiva da natureza, sua apropriação sempre se fará com alguma forma de coerção, quase sempre sancionada pelo Estado, o que o caso da expansão do agronegócio no Brasil acaba por revelar de modo dramático. Segundo dados da Comissão Pastoral da Terra de 2003, o estado mais violento do Brasil é o Mato Grosso, com 1,8 assassinato para cada 100 mil habitantes rurais,[30] onde mais vem se expandindo esse modelo e onde, inclusive, recentemente se elegeu como governador o maior produtor de soja do mundo, o sr. Blairo Maggi (Porto-Gonçalves, 2004).

Por isso, a construção de estradas, hidrovias e portos se tornou uma verdadeira obsessão, como o demonstram a expansão da rede de transportes no Brasil após a fundação de Brasília (1960), que abriu ao mercado as terras do Planalto Central do país, com seus Cerrados, assim como as terras da Amazônia após a inauguração da rodovia Belém-Brasília (1962) e, ainda, a pressão que ora se faz para a construção da hidrovia do Paraná-Paraguai, no Pantanal paraguaio-brasileiro; a pressão que tende a se acentuar sobre a Amazônia, haja vista (1) a construção do porto de Itacoatiara no rio Amazonas, parte do complexo da hidrovia do Madeira, sob o controle do Grupo Maggi; (2) o recém-inaugurado porto de Santarém, na foz do rio Tapajós, construído por um consórcio de empresas liderados pela multinacional Cargill, a que está associado o interesse pela construção da BR-163, que liga Cuiabá a Santarém, assim como pela construção da hidrovia Tapajós-Teles Pires; (3) a hidrovia Rio Branco-Rio Negro (Roraima e Amazonas)

---

[30] O estado do Pará é o segundo mais violento do Brasil, com 1,65 assassinato por 100 mil habitantes rurais em 2003.

e a ligação com Caracas, na Venezuela, da rodovia BR-174-Manaus-Caracaraí-Boa Vista; (4) a hidrovia rio das Mortes-Araguaia-Tocantins e a saída pelos portos ou de São Luís ou de Belém e, ainda: (5) a saída para o Pacífico pelo Acre com o asfaltamento da BR-364. Pelo sentido dessas vias, vê-se que seu destino é a exportação de *commodities*.

O impacto socioambiental do agronegócio já atinge não só as manchas de Cerrado dentro da Amazônia, como também a própria floresta ombrófila densa, com toda a sua diversidade biológica e cultural, como já se vê com o aumento do desmatamento em Rondônia, Mato Grosso, Pará e no Amazonas, que vai além do tristemente famoso "arco do desmatamento", que abrangia uma extensa faixa de terra na Amazônia meridional e oriental (Mato Grosso, Tocantins e Pará), e já invade a margem esquerda do rio Amazonas. Cada vez mais deixaremos de falar em "arco do desmatamento" para falar em fragmentação da floresta, situação que expõe a área a uma nova fase de seu processo de desmatamento, com consequências imprevisíveis.

Acrescente-se, ainda, um outro paradoxo, o de que todo esse processo de expansão da fronteira agrícola, possível graças a toda uma complexa logística de transportes, mesmo tendo contribuído para diminuir os preços dos produtos agrícolas, deixou de beneficiar parcelas importantes da população por sua própria estrutura socialmente injusta. Uma série de reportagens exibidas em maio de 2003 pela Rede Globo em seu horário nobre terminou com o elogio a um trator computadorizado, que a repórter afirmava custar nada mais nada menos que US$ 230 mil, ou seja, cerca de R$ 700 mil aproximadamente. Imaginemos a área necessária para ser cultivada com um trator desses para que se tenham lucros com ele. A concentração de poder atinge níveis assustadoramente surpreendentes! O latifúndio produtivo se mostra, assim, tão perverso como o improdutivo!

Assim, a própria estrutura de produção impede que a mesma rede de portos, de silos, de armazéns e de estradas por onde se exporta seja também uma rede de importação, posto que são regiões pouco empregadoras de mão de obra, com pequena participação do trabalho no conjunto da renda do sistema como um todo e, ainda, com extrema concentração de terras. Toda a rede logística se torna, em mais de um sentido, de mão única, na medida em que exporta mas não importa, pois a estrutura de distribuição da riqueza não conforma um mercado a montante. Assim, é o próprio modo como se produz que se constitui numa forte razão para que o chamado custo país se mantenha alto. A injustiça social do próprio sistema impede que todo o esforço empreendido com recursos de todos na construção das infraestruturas só beneficie, de fato, uma parcela diminuta de pessoas, quando a mesma estrutura, sem nenhum custo adicional, poderia beneficiar mais gente, fosse mais democrática e justa.

O Cerrado brasileiro, com a sua enorme diversidade biológica e cultural, tem se transformado numa área de expansão desses grandes *latifúndios produtivos*, pelas enormes vantagens que oferece, seja pela riqueza hídrica que abriga, seja pela topografia plana de suas chapadas e de seus chapadões. Avalia-se que 70% da área das chapadas já esteja ocupada por esse tipo de empresa, com cultivo de grãos, algodão, ou com monoculturas de plantação de madeira (eucaliptos e pínus).

Tanto a Amazônia como os Cerrados, no Brasil, são regiões que até muito recentemente — anos 1970 — se mantiveram à margem de um verdadeiro mercado de terras. A demanda por terras pela dinâmica expansiva do capital, criando as condições de acessibilidade, como assinalamos acima, comportou a apropriação privada de terras até então apropriadas de modo comunitário, coletivo ou outras modalidades de uso comum dos recursos naturais, o que, como até aqui tem acontecido em todo o mundo, vem se dando sempre de modo violento e conflituoso. Não sem sentido, os Estados territoriais modernos lançaram mão de juristas que conheciam o direito romano, fundado na propriedade privada, para conformarem suas constituições e, assim, a propriedade privada se consagraria sob muito sangue, suor e lágrimas, privando os povos de outros modos de apropriação da terra e dos recursos naturais.

Assim, nesse processo de expansão, não só se perde diversidade biológica, mas também diversidade cultural e múltiplas formas de propriedade distintas da propriedade privada, que, como se vê, não tem contra si somente a propriedade estatal que, na verdade, não passa de uma modalidade extrema de propriedade privada: também priva a sociedade do poder de decidir sobre o uso dos recursos que, sabemos, são finitos.

## 14. Como o complexo oligárquico agroquímico "absorveu" as críticas pós-Revolução Verde?

Explicitemos, ainda que sucintamente, o paradoxo inscrito na expressão *Revolução Verde*, posto que dificilmente se encontrará um ambientalista, um verde, a favor da Revolução Verde. A expressão é um dos melhores exemplos de uma técnica da política — é isso mesmo, a política tem suas técnicas —, no caso a técnica da retórica, da ideologia. É que, diante do fenômeno de milhões de miseráveis se mobilizando politicamente para resolver seus problemas por meio de bandeiras vermelhas — do que a famosa Grande Marcha dos camponeses chineses sob o comando de Mao Tsé-tung foi tão forte —, rapidamente os poderes empresariais capitalistas mundiais se mobilizaram, os Rockfellers à frente, para despolitizar a questão e torná-la uma questão técnica, de produção de sementes e alimentos. Enfim, em vez de uma revolução vermelha, uma revolução verde. A experiência de cinquenta anos de Revolução Verde aí está: como caracterizou Josué de Castro, a vergonha de nossa época não está na existência do fenômeno da fome, que é tão antiga quanto a humanidade mas, sim, no fato de hoje o problema conviver com todas as condições para resolvê-lo. Talvez o maior sucesso da Revolução Verde esteja onde nunca foi procurado: na despolitização do problema da fome, tornando-o um problema técnico — Revolução Verde.

Durante os anos 1970 e 1980, desenvolveu-se um vigoroso movimento crítico com relação à dinâmica da Revolução (nas relações de poder por meio da tecnologia) Verde. Desse movimento crítico se originou um movimento de agricultura alternativa, de agricultura orgânica, de agroecologia, que consagrou expressões como agrotóxico e emprestou sentido negativo a toda a agroquímica. Deve-se registrar que esse movimento crítico contou com um forte componente técnico-científico, que veio, em grande parte, de dentro do próprio campo agronômico.

O complexo oligárquico agroquímico acusou o golpe dessa crítica, vinda sobretudo, mas não exclusivamente, do movimento ambientalista, e encetou várias ações para tentar mitigá-la. Acompanhemos um pouco mais de perto essas ações, até porque vão nos esclarecer acerca de um conjunto de práticas que hoje vêm caracterizando as contradições do mundo rural. Destacamos dentre elas:

1.1. Campanhas publicitárias[31] — Preocupadas com a sua imagem pública, as empresas agroquímicas desencadearam

---

[31] Ou *campanhas de esclarecimento ao público*, dependendo de que lado o leitor se coloque.

campanhas nas quais, entre outras coisas, chamam de *defensivo agrícola* o que os seus críticos chamam de *agrotóxicos*. Aqui, em pleno embate linguístico-ideológico dessa ofensiva publicitária, revelam-se as contradições dessa própria racionalidade técnico-produtiva. Observe-se, logo de início, que o uso da palavra *defensivo* procura inverter o significado e, assim, aquele que é acusado de agressor do meio ambiente procura ser visto como defensor. O mais interessante é que o uso da expressão *defensivo agrícola* revela a lógica de guerra que subjaz a essas práticas e, por isso, precisa... defender-se. A pergunta que se poderia colocar é: defender-se de quem? Na verdade, a lógica de guerra de *combate* às pragas, *combate* aos insetos, *combate* às ervas daninhas, *combate* às pestes implica que há que se matar o inimigo e, para isso, usam-se *inseticidas, herbicidas, pesticidas, praguicidas* entre outros produtos que matam e, sabemos, não só insetos, pragas, ervas daninhas mas, também, pessoas, plantas, peixes e outros animais. *Combater* e *matar* são, assim, parte de uma lógica técnico-produtiva que se funda na ideia de *dominar*, e mais numa relação *contra* a natureza do que numa relação *com* a natureza, como sugerem a agroecologia, a agricultura orgânica e é comum a várias culturas indígenas, camponesas e de outras matrizes de racionalidade não ocidentais, que a racionalidade econômica mercantil procura desqualificar como improdutivas.

1.2. Uso geograficamente desigual de insumos. As estatísticas recentes acusam uma diminuição importante do uso desses insumos de capital — fertilizantes, herbicidas, inseticidas, praguicidas — na Europa, nos EUA e no Canadá. Entretanto, a lógica moderno-colonial manifesta-se nesse caso com toda força, na medida em que o uso desses insumos se expande no mundo como um todo, sobretudo nos países pobres, como assinala o Relatório do Pnuma (GEO 3, 2002: 63).

A diminuição do uso desses insumos nos países hegemônicos do atual padrão de poder mundial e seu uso ampliado na América Latina, África e Ásia revelam, também, um limite das respostas às críticas que teimam em permanecer prisioneiras da mesma racionalidade econômica mercantil que comanda o modelo atual. Como pedir às empresas do setor agroquímico que contribuam para a diminuição do uso do produto que fabricam?

Saliente-se, ainda, que as empresas do setor agroquímico têm suas sedes, em sua quase totalidade, nos países europeus, nos EUA e no Canadá e, assim, essa geografia desigual do uso desses insumos no mundo revela o modo desigual como se valorizam os lugares, as regiões, os países e seus povos e suas culturas. E, insistimos, é preciso ver aqui a mesma lógica moderno-colonial que vem comandando o processo de globalização desde 1492. Há, como se vê, uma injustiça ambiental de fundo comandando a geopolítica mundial. Até mesmo as maiores fábricas de agroquímicos vêm se transferindo para os países pobres, tendo o acidente mais sério com milhares de vítimas fatais ocorrido em Bhopal, na Índia, na fábrica da Union Carbide.

1.3. Maior eficiência ecológica das técnicas. Além das medidas que procuram melhorar a imagem e contemplar um meio ambiente mais sadio, pelo menos no lado rico do planeta, o seu lado moderno, as empresas do setor agroquímico vêm procurando melhorar a eficiência ecológica de suas próprias práticas, reconhecendo, na prática, a força dos argumentos de seus críticos. Com a simplificação dos agroecossistemas, mais aguda nas monoculturas, há uma dependência cada vez maior de insumos externos ao sistema. As biotecnologias de novo tipo — como a de transgênicos — podem oferecer cruzamentos genéticos que diminuam o impacto ecológico do uso de insumos, por exemplo. Podem, até mesmo, aumentar a eficiência de uma espécie tornando-a mais bem adaptada seja à seca, seja à umidade e, com isso, melhorando as condições dos agricultores e promovendo sua autonomia. Todavia, pode-se melhorar a eficiência ecológica aumentando o controle do mercado e diminuindo a autonomia do agricultor, como bem o demonstram a soja Roundup Ready (RR) e toda a linha chamada Terminator.

A questão não é, portanto, a de que não se possa obter menor impacto ecológico com o uso de um ou de outro insumo, mas a de como fazê-lo nos marcos de uma racionalidade econômico-mercantil que teima em se manter, impedindo com isso que outras soluções baseadas em outras racionalidades mais complexas[32] possam ser encontradas ou, simplesmente, que outras matrizes de racionalidade possam se reproduzir.

Portanto, a questão para o atual modelo agrário-agrícola movido pela acumulação de capital não é simplesmente técnico-ecológica mas, sim, como resolver a equação que combine a dimensão ecológica, de um lado, com a acumulação de capital de modo ampliado, de outro lado. Não é o ganho em termos ambientais que move essa lógica, mas como fazê-lo *desde que* os marcos da racionalidade econômica mercantil sejam mantidos, como *sine qua non conditio*.

Assim, é preciso romper com um falso consenso — que vem sendo construído — entre a acumulação de capital, que tende para o ilimitado, e a problemática ambiental, que, sempre, requer que consideremos as condições naturais e seus limites. Assinalemos que esse consenso em torno, por exemplo, da ideologia do desenvolvimento sustentável não vem sendo construído a partir de uma análise preliminar da razão

---

[32] A lógica reducionista da simplificação está na base da moderna ciência ocidental. Ver Porto-Gonçalves (1989); Leff (2000); Funtowicz e De Marchi (2000).

por que o atual modelo de desenvolvimento é considerado insustentável para que se busque um modelo sustentável. É como se um médico pudesse se satisfazer com os sintomas da doença para tentar curá-la, não lhe importando como a doença se teria constituído.

Há um *realismo político*[33] que vem se colocando acima da necessidade de uma análise verdadeiramente crítica acerca das contradições socioambientais implicadas no desafio ambiental contemporâneo. O realismo político, em si mesmo externo à análise científica, nos impede de colocar a própria racionalidade econômica mercantil em questão, e, assim, a dimensão política que está embutida na própria problemática ambiental do modelo agrário-agrícola fica de fora.

Uma resposta dentro dessa lógica parece estar presente no próprio exemplo das linhas Roundup Ready e Terminator: o que se perde em termos capitalistas na venda do herbicida se ganha com o atrelamento da venda da semente. A expressão popular *poder econômico* precisa ser levada mais a sério cientificamente...

## 15. Por que poluição genética?

As diferenças entre a nova fase do desenvolvimento das relações de poder por meio da biotecnologia e a antiga são: (1)

---

[33] Nesse caso, o que estamos chamando *realismo político* diz respeito a todo um conjunto de posições que se recusam preliminarmente a pôr em questão a dimensão econômica mercantil. Não vendo na conjuntura política atual como negar a dimensão mercantil — hoje francamente hegemônica —, os que abraçam essa posição realista se recusam até mesmo submetê-la a análise. Com isso, contribuem para aprofundar o problema que acreditam combater. É o que está presente no discurso, cada vez mais frequente, que diz ser preciso transformar a dimensão ambiental de constrangimento em oportunidade, como se fosse uma mera questão de querer.

rompe com a barreira natural de se produzir organismos *geneticamente* modificados (OGMs) para se produzir organismos *transgenicamente* modificados (OTMs) e (2) passa a ocorrer uma desapropriação/desqualificação do saber ancestral/atual ou, quando menos, uma separação entre o lugar que produz e o que consome conhecimento, cada vez mais centralizado nos laboratórios científicos empresariais e nos países hegemônicos. Esclareça-se que, do ponto de vista do rigor científico, a expressão organismo geneticamente modificado nomeia, simplesmente, todo o processo de evolução das espécies do planeta, na medida em que o processo de especiação é, sempre, modificação genética efetuada pela própria natureza. No caso das espécies criadas pela espécie humana, os cultivares, os cruzamentos, enxertias e outras técnicas utilizadas pelas mais diversas culturas ao longo da história são, sempre, um híbrido de criação humana e assimilação/adaptação pela natureza. Enfim, a expressão organismo geneticamente modificado é, assim, imprecisa, posto que nomeia tudo.

Os diferentes biomas do planeta não respondem da mesma forma às diversas ações que os povos e suas culturas com eles estabelecem. A complexidade da dinâmica de matéria e energia das regiões tropicais, sabidamente menos conhecida pela ciência ocidental,[34] se vê, com frequência, invadida por um sistema técnico-agrícola produzido a partir de uma ciência natural pensada a partir de dinâmicas mais simplificadas das regiões frias e temperadas e que, arrogantemente, é para cá transplantado com consequências socioambientais danosas.

Sobre os efeitos ambientais dos organismos transgenicamente modificados, antes que formemos opiniões apressadas diante de um tema tão decisivo, é preciso considerar que

---

[34] O que não quer dizer que não sejam conhecidas por meio de outras matrizes de racionalidade.

estamos diante de um fenômeno rigorosamente muito recente. Sabe-se que nos EUA se consomem transgênicos somente a partir de 1994, quando foi liberado o *tomate longa vida*. A *soja RR* só foi liberada nos EUA em 1996 e, só depois dessa data, a *batata* e o *milho Bt*. Considerando-se que estamos mexendo com organismos que romperam barreiras naturais e que serão ingeridos continuamente — e, assim, vão fazer parte até mesmo do metabolismo do corpo humano —, de fato, estamos diante de um tempo extremamente exíguo para afirmações definitivas. Àqueles que se colocam favoravelmente à liberação dos *organismos transgenicamente modificados* devemos lembrar essa dimensão temporal que está implicada em processos de evolução genética. Nesse caso, em particular, a lógica de curto prazo característica da razão econômico-mercantil tão bem expressa na máxima *tempo é dinheiro* não é uma boa companheira.

Isto porque é o tempo próprio da vida na sua materialidade e não o seu equivalente em dinheiro que está implicado. Cada novo ser vivo transgenicamente modificado em laboratório vai estabelecer *in natura* relações necessariamente não controladas com os demais seres vivos, com todo o fluxo de matéria e energia, onde acaso e necessidade se fazem presentes. A análise científica e o conhecimento prático dessas relações devem ser experimentados, no sentido forte desse termo, isto é, devem ser objeto da experiência humana em sentido pleno e não só de experiências restritas como as feitas em laboratório. E, aqui, sem dúvida o tempo é senhor, se me permitem a expressão ambígua. Não podemos confundir a lógica das coisas com as coisas da lógica, vê-se.

A *introdução de organismos transgenicamente modificados* (OTMs) na natureza exige, assim, tempo para que seus efeitos sejam conhecidos. Entretanto, a questão da possibilidade de se separar ou não os *organismos transgenicamente modificados* da dinâmica do fluxo de matéria e energia natural e culturalmente existente se coloca como de extrema relevância de imediato, aqui e agora, independentemente dos seus efeitos na natureza, inclusive para a saúde humana (se é que se pode separar esta da natureza *tout court*).

Vários pesquisadores têm sido enfáticos com relação a essa questão, como o professor Rubens Nodari, da UFSC, que afirma:

> (...) que não é possível ter os dois tipos de plantação no mesmo lugar, mesmo em plantas de autofecundação, como a soja. Veja o caso do México, que não planta transgênicos, mas já tem variedades de milho contaminadas pelos EUA. (...) Claro, não será no primeiro ano que ocorrerá a contaminação, mas, depois de dez anos transportando a produção de 10 milhões de hectares, aquele agricultor que quer produzir orgânico não poderá mais. Com o tempo tudo será contaminado" (*apud* Deak, 2003).

Vários agricultores nos EUA e no Canadá, sobretudo aqueles que produzem orgânicos, vêm assinalando que suas plantações estão sendo contaminadas por organismos transgênicos. "Encontramos rastros no milho que tem sido cultivado organicamente durante os últimos dez a 15 anos. Não há uma parede suficientemente alta para mantê-lo isolado", diz Arran Stephens, presidente de Nature's Path, empresa de alimentos orgânicos da Colúmbia Britânica, citado por Klein, em 2001.

O agricultor canadense Percy Schmeiser ficou famoso por ter sido processado pela empresa Monsanto depois que sementes de canola transgênica voaram até sua plantação. O tribunal condenou-o a pagar à Monsanto 20 mil dólares, alegando que Schmeiser roubara suas sementes. "Fiquei realmente alarmado com a decisão judicial que disse que não importa como chega ao campo do agricultor, seja voando, seja por uma inundação, ou se entra na maquinaria agrícola, [a semente] não pertence ao agricultor. Pertence à Monsanto", disse Schmeiser (*ibid.*).

Um dos casos de maior repercussão com relação à poluição genética é o do milho StarLink. O cultivo transgenicamente modificado destinado a animais e não apto, segundo a legislação, para consumo humano, se misturou a grande parte da oferta de milho norte-americano depois que as zonas ao redor dos campos de cultivo que separavam esses cultivos se mostraram totalmente incapazes de conter o pólen transportado pelo vento. A empresa franco-alemã Aventis, dona da patente de milho StarLink, propôs uma solução: em vez de recolher o milho impróprio para consumo humano, por que não aprovar seu consumo para seres humanos (*ibid.*)?

Um grupo de agricultores orgânicos nos EUA considera a possibilidade de processar por perdas as empresas que produzem transgênicos, tamanha é a contaminação. Afinal, com a poluição genética, não têm como garantir aos consumidores que querem alimentos livres de transgênicos que seus produtos estão, verdadeiramente, sem contaminação.

Vários autores, em diferentes países, vêm acusando que há uma estratégia deliberada de *poluição genética* por parte das empresas que dominam a tecnologia de produção de organismos transgênicos. Na Argentina, por exemplo, os preços do glifosato e das sementes transgênicas são

> (...) sensivelmente inferiores aos dos EUA ou da Europa, e a empresa Monsanto mostra uma maior flexibilidade em relação à defesa de seus direitos de propriedade sobre a procedência das sementes RR. Esta situação de *privilégio* é correntemente associada a uma estratégia comercial agressiva tendente a ganhar o mercado argentino, e a partir daí aceder em futuro próximo a outros países da região, como o Brasil e a Bolívia (Backwell e Stefanoni, 2003).

Naomi Klein também aponta na mesma direção:

> Com 35 países onde já há leis de etiquetação, ou onde estão em processo, poderíamos pensar que não resta outra alternativa à indústria de exportação agrícola que inclinar-se diante da demanda e manter as sementes GM [*sic*] longe de suas contrapartes não alteradas e, no geral, distanciar-se dos cultivos controversos. Estaríamos equivocados. A verdadeira estratégia é introduzir tanta contaminação genética no sistema alimentício que cumprir com a demanda do consumidor de produtos livres de OGM [*sic*] pareça impossível. A ideia é, simplesmente, contaminar mais rápido do que os países podem legislar e logo mudar as leis para que se adaptem à contaminação (*op. cit.*).

Essa estratégia, apontada por N. Klein ainda em 2001, parece estar se reproduzindo *ipsis litteris* no Brasil, onde, ao arrepio da lei, se fez uma verdadeira invasão de sementes transgênicas no Rio Grande do Sul, em grande parte contrabandeada da Argentina, como assinalaram Backwell e Stefanoni, e com fortes indícios de que era do conhecimento da empresa Monsanto, que, nesse caso, teria feito vista grossa para o "roubo de suas sementes" e que lhes teria custado grandes investimentos. Estamos diante de uma dupla moral que, infelizmente, grassa.

Ao mesmo tempo que se põe em prática a estratégia do fato consumado, abre-se uma forte polêmica jurídica. Esclareça-se: é que, não estando os *organismos transgenicamente modificados* imersos no complexo processo de evolução das espécies *na natureza*, se está recorrendo a um subterfúgio jurídico, o de *equivalência substancial*, para que eles sejam comercializados. Enfim, os *organismos transgenicamente modificados* são comercializados *como se equivalessem a substâncias* cujas dinâmicas naturais são razoavelmente conhecidas. Assim, nesse mundo comandado pela lógica da economia mercantil, vivemos entre o *desde que* e o *como se*, isto é, o ambiente deve ser preservado *desde que* seja compatibilizado com a lógica da economia mercantil, ou melhor, com a acumulação de capital, e seus efeitos são encarados *como se* fossem de outras substâncias cujo conhecimento já estivesse razoavelmente estabelecido.

## 16. Que novas relações se colocam, hoje, entre soberania nacional, soberania popular e diversidade biológica?

Estamos, hoje, imersos num debate para regular o destino de nosso patrimônio genético, que reúne os Acordos sobre Aspectos dos Direitos de Propriedade Intelectual Relacionados com o Comércio (TRIPs, por sua sigla em inglês), que buscam legitimar e legalizar os direitos das empresas por cima das provisões aos direitos de indígenas, camponeses e agricultores inscritos na Convenção de Diversidade Biológica (CDB) saída do Rio de Janeiro em 1992, e o Tratado Internacional sobre Recursos Genéticos para a Alimentação e Agricultura.

O Tratado Internacional sobre Sementes e Direitos dos Agricultores, primeiro tratado internacional do século XXI, aprovado em 3 de novembro de 2001, estabelece um sistema multilateral para o acesso ao germoplasma de 35 gêneros de cultivos básicos para a alimentação (entre os quais milho, trigo, arroz, feijões e aveia) e 29 espécies de forrageiras, cuja propriedade intelectual não poderá ser patenteada nem reclamada de nenhuma forma. Estabelece, ainda, os direitos do agricultor de conservar, utilizar, intercambiar e vender sementes conservadas em seu próprio estabelecimento, assim como o direito à proteção dos conhecimentos tradicionais sobre as sementes e a participação na distribuição dos benefícios derivados da utilização destes recursos.

Devemos registrar que os EUA se recusam a assinar a CDB, tanto quanto o Protocolo de Kyoto e a Convenção de Basileia (sobre o lixo tóxico). A pressão que vêm exercendo as grandes corporações transnacionais, sobretudo dos EUA, sobre os recursos genéticos é tão forte que assistimos, até mesmo, ao espetáculo ridículo, como acontece no Brasil, de regular com medidas *provisórias* um bem que é *estratégico* (pelo menos até 2003).

Nesse aspecto, é preciso estar atentos para a verdadeira vitória de Pirro que pode se tornar o fato de a CDB reconhecer, como no seu artigo 6º, aos Estados nacionais o direito de "cada parte contratante... elaborar estratégias, planos e programas nacionais para a conservação e a utilização sustentável da diversidade biológica". Isto porque, em face da ampla mobilização de camponeses e indígenas, entre outros, para que se reconheçam os seus direitos comunitários e coletivos sobre o seu conhecimento ancestral,[35] os Estados nacionais podem ser, mais uma vez, chamados a cumprir seu papel soberano de suprimir os direitos desses povos e comunidades e, em pleno exercício da soberania, negociá-la com as grandes corporações transnacionais, como vêm fazendo historicamente (Leff, Argüeta, Boege e Porto-Gonçalves, 2002). Basta acrescentar que em fevereiro de 2001, em Cancún (México), foi constituído o Grupo de Países Megadiversos — de que atualmente fazem parte a Bolívia, o Brasil, a China, a Colômbia, a Costa Rica, o Equador, as Filipinas, a Índia, a Indonésia, o Quênia, a Malásia, o México, o Peru, a África do Sul e a Venezuela —, que vem sendo sistema-

---

[35] Vários autores chamam atenção para o fato de que suas práticas culturais específicas serem aquelas que mais se coadunam com os interesses da humanidade e da ecologia do planeta e que, por isso, devem ser respeitadas enquanto tais.

ticamente consultado pelos organismos internacionais, como a OMC e o Banco Mundial, e tudo vem sendo decidido em nível de governo, sem a preocupação de consultar a população que comporta 45% da diversidade cultural do mundo (presente nesses países) para saber o que acha das propostas em curso.

A soberania, no entanto, haverá de ser pensada com democracia, em que o direito à igualdade não suprima o direito à diferença dessas populações. Insistimos, a soberania pode ser exercida pelos "de cima" para os "de cima" alegando "razões de Estado". A recente recusa do parlamento mexicano, quase por unanimidade, em não reconhecer o Acordo de San Andrés, que vinha sendo negociado com os zapatistas e acompanhado com atenção por toda a opinião pública mundial, merece um posicionamento mais atento de todos aqueles que acreditam na importância da diversidade cultural e sabem do seu enorme significado para a evolução da vida e a sustentabilidade do planeta como um todo. Ali estava sendo debatido exatamente um direito diferente, o reconhecimento de um direito ao território, ao conhecimento comunitário, coletivo e patrimonial. Não olvidemos que as populações originárias, camponesas e de afrodescendentes encontraram na questão ambiental uma ponte que lhes permitiu articular seus interesses específicos aos interesses maiores da humanidade e do planeta, sobretudo ao associarem a diversidade biológica à diversidade cultural. Para isso, estabeleceram alianças e conseguiram se fazer presentes enquanto protagonistas das relações internacionais, quebrando o monopólio dos "de cima" nesse plano. Isso tem ensejado sérias críticas de setores nacionalistas, que vêm perdendo terreno no processo de globalização neoliberal. Como o processo de globalização neoliberal, ao mesmo tempo, tem sido extremamente desigual e vem aumentando os níveis de injustiça social e ambiental, está aberta a possibilidade de retomada de ideologias nacionalistas, o que exige muita clareza acerca do contexto político para que se enfrente, de fato, o desafio ambiental. Afinal, pode estar em curso, novamente, uma aliança das mais tradicionais entre as velhas classes dominantes, que, sempre em nome da soberania nacional, venderam o chamado patrimônio nacional. O aprendizado político que novos sujeitos sociais conquistaram ao se fazerem presentes na cena internacional está impondo novos desafios a esses mesmos sujeitos, como o de buscar, no plano nacional, relações que conformem políticas públicas que não se fazem à escala internacional. Aqui reside um dos principais desafios, que é o de não mais excluir a escala nacional do debate que, conforme estamos vendo, nos últimos anos sobretudo, fala do global e do local ignorando a mediação nacional. Sabemos, hoje, que esse "esquecimento" não é ingênuo, tanto quanto sabemos que o Estado nacional comporta enormes contradições que haverão de ser superadas.

Por isso, insistimos na importância do aprofundamento da democracia, de modo que os mais diferentes sujeitos possam protagonicamente se fazerem presentes na cena política, em que justiça social e ambiental se faça no reconhecimento concreto do direito à diferença.

## 17. Em que consiste o aquecimento global e quais suas implicações políticas?

A vida tal como a conhecemos no planeta é possível, em grande parte, graças aos gases estufa. São os gases estufa — dióxido de carbono, metano, óxido nitroso, perfluorcarbono (PFC), hidrofluorcarbono (HFC) e hexafloro de azoto, entre outros — que impedem que a energia solar que incide sobre a Terra se irradie completamente para além da atmosfera. Sem os gases estufa, essas temperaturas seriam, aproximadamente,

30°C menores do que são. Da energia solar[36] que incide sobre o planeta, aproximadamente 35,3% são refletidos, sendo 31% pela atmosfera e 4,3% pela superfície da Terra; 64,4% são absorvidos em aquecimento, sendo 14,3% no aquecimento da superfície terrestre, 32,7% no aquecimento dos oceanos e mares e 17,4% no aquecimento do ar. Do restante — 0,3% —, 0,2% da energia impulsiona ventos, ondas e correntes marinhas e 0,06% é a energia necessária para a produção biológica primária líquida de biomassa.

Mudanças climáticas de grande envergadura já ocorreram no planeta sem a intervenção humana. Os geólogos e climatólogos assinalam que há 65 milhões de anos houve uma mudança climática global que teria sido provocada pelo impacto de asteroides contra a Terra. Essa mudança climática seria responsável, entre outras coisas, pelo desaparecimento dos dinossauros e, segundo alguns paleontólogos, teria levado alguns primatas a descer das árvores e se aventurar nas savanas, o que desencadearia o processo que conduziria ao homem (hominização).

Outra mudança climática de alcance planetário —, a última que conhecemos — teria ocorrido com o recuo da glaciação às posições das latitudes em que se encontram hoje as calotas polares. Durante essa última glaciação — a Würm —, entre 18 mil e 12 mil anos atrás, a cobertura de gelo atingia a latitude aproximada de Paris e Nova York. Toda essa faixa de Terra era coberta de gelo, que com o recuo se tornou líquida — acrescida da que também recuou no hemisfério sul —, elevou as águas dos mares aos níveis atuais, cerca de cem metros acima do nível de então. Podemos dizer que o contorno dos oceanos e mares atuais começou a ser efetivamente desenhado cerca

---

[36]Calcula-se em 1.380 watts a energia solar que, em média, incide sobre cada metro quadrado da Terra.

de 12 mil anos atrás, assim como a atual configuração dos climas e dos ecossistemas, tal como os conhecemos até, mais ou menos, duzentos anos atrás, quando se generalizou o uso de combustíveis fósseis, com a revolução (nas relações de poder por meio) da máquina a vapor. Os níveis atmosféricos de $CO_2$, estimados em 280 partes por milhão (ppm) antes da Revolução Industrial, subiram a 317 ppm em 1960. Entre 1960 e 1999, entretanto, esse índice passou para 368 ppm, isto é, acusou um aumento de 16% em somente quatro décadas.

Antes do século XVIII ocorreram várias mudanças climáticas, registradas por diversos historiadores, mas que apresentavam caráter mais local, no máximo regional, sendo que muitas delas foram, até mesmo, apontadas como responsáveis pelo desaparecimento de determinados povos e civilizações. Há uma polêmica sobre essa questão envolvendo os maias, na América Central.

Entretanto, a partir do século XVIII estaríamos diante de implicações planetárias e não mais locais ou regionais e, assim, é o destino da própria espécie e, até mesmo, das espécies que está em jogo, e não mais o destino de uma ou de outra civilização, o que já seria motivo para preocupação. Assim, um modelo de desenvolvimento desencadeado por alguns — no caso pelos europeus norte-ocidentais —, que hoje tem nos EUA seu maior êxito, vem se impondo a todo o mundo e colocando a todos em risco. Dessa forma, mais do que um problema ecológico específico de um lugar ou de um determinado povo, estamos diante de toda a geopolítica mundial e suas relações de poder assimétricas.

E aqui, insistimos, estamos diante de algo que é mais do que uma questão a ser resolvida por meios técnicos e científicos, como a promessa moderno-colonial quer, sempre, fazer crer. É que, com o uso generalizado dos combustíveis fósseis, se está devolvendo à atmosfera substâncias químicas que o próprio petróleo e carvão, enquanto fósseis, abrigam em seus corpos. O carbono, com a ajuda da fotossíntese, feito corpo vivo de plantas e animais, foi depositado a grandes profundidades, submetido a enormes pressões e temperaturas durante um tempo que se conta em milhões de anos (tempo geológico), tornou-se carvão e petróleo que, hoje, explodimos (motor a explosão) e, assim, devolvemos à atmosfera aquilo que dela havia sido retirado. Saliente-se que a retirada dessas substâncias químicas que ficaram mineralizadas no petróleo e no carvão, sobretudo o gás carbônico absorvido, diminuiu o efeito estufa, tornando possível que as temperaturas apresentem os níveis atuais e que a vida tenha evoluído até a forma como a conhecemos. Assim, a devolução dessas substâncias à atmosfera faz aumentar novamente o efeito estufa, alterando as condições da vida. Eis a situação atual.

As moléculas de carbono mineralizadas são energia, que, como nos ensinam os físicos, é capacidade de trabalho, enfim, capacidade de transformação de matéria. Assim, a natureza submetida ao capital é reduzida a *recurso natural* e, como todo recurso, é *meio* e não fim. É essa natureza-recurso-energia que, submetida a uma finalidade própria ao capital — a acumulação da riqueza na sua forma abstrata (dinheiro) —, vai permitir um aumento exponencial da capacidade de trabalho, ou melhor, um aumento fantástico de transformação de matéria numa mesma unidade de tempo abstrato — ano, mês, dia, hora, minuto, segundo — e, assim, criar a ilusão de crescimento ilimitado de produtos materiais numa mesma unidade de tempo abstrata. Afinal, produz-se cada vez mais coisas *concretas* numa mesma unidade de tempo *abstrata*. Eis a contradição da relação capitalista com a natureza levada ao paroxismo.

Assim, ao se apropriar dessa energia, o capital está se apropriando de todo um tempo de trabalho que remete ao tempo geológico e submetendo-o a uma lógica do curto prazo, que é a sua lógica. Entre um tempo e o outro, as leis da entropia, o aquecimento global, a desagregação da matéria — lixo — e seus tempos de vida que se contam em meias-vidas, que envolvem centenas e milhares de anos na sua concretude material (urânio, césio...).

O geólogo François de Chadénèdes levou às últimas consequências a ideia de atribuir um valor monetário à natureza em seu artigo "A produção de petróleo da natureza".

> Seu cenário demonstrava que esse processo envolvia tempo e energia cósmica que, se calculado do mesmo modo que se calcula o preço usual da eletricidade no varejo, estabeleceria que o custo de um galão de petróleo seria superior a um milhão de dólares. [Richard Buckminster] Fuller tirou a conclusão necessária: "Junte tal informação à descoberta de que aproximadamente 60% das pessoas empregadas nos Estados Unidos estão trabalhando em tarefas que não estão produzindo nenhuma contribuição para a vida" [e que] "a maioria dos americanos vai trabalhar de automóvel, provavelmente gastando em média quatro galões por dia. (...) Desse modo [concluiremos que], cada um está gastando em média quatro milhões de dólares do Universo cósmico-físico real por dia sem produzir nenhuma riqueza que contribua para a vida do Universo físico e que possa ser creditado no sistema de contabilidade expresso no metabolismo energia-tempo, que governa eternamente a regeneração do Universo" (*apud* Santos, 1998: 37-38).

Foi lorde Keynes que, indagado sobre os tempos longos — e olhe que sobre o tempo longo em termos históricos e não geológicos —, disse, dando de ombros, que "no futuro estaremos todos mortos". Assim, não há lugar, sob a lógica do curto prazo, para as gerações futuras. Eis a herança de nossos avós, com a agravante de que, diferentemente deles, sabemos que nos últimos vinte anos tivemos os 14 anos mais quentes da história do planeta, desde que as temperaturas passaram a ser medidas de modo sistemático, em 1860. E mais, herança de nossos avós que transferimos a nossos filhos e netos, na medida em que os gases estufa demandam um tempo próprio para se dissipar — cerca de oitenta a cem anos. Assim, embora devamos concordar com Keynes que no futuro toda geração estará algum dia toda morta, o que tornou possível que a nossa geração e a dele pudessem viver foi ter herdado da geração anterior, como *bonus pater familias*, como dissera em bom latim Karl Marx, as condições naturais para tal.

Deste modo, nossos filhos e netos poderão nos condenar por não tomarmos as medidas que *sabemos* necessárias, exigência que não podemos fazer a nossos avós. Afinal, eles não sabiam o que estavam fazendo. A ideologia do viver o aqui e o agora, que tanto se estimula com um individualismo levado às últimas inconsequências, não é sem efeitos. Um desses efeitos, pelo menos, o estufa, nos obriga a retomar o sentido ético de nossas práticas de modo menos abstrato, isto é, político. Afinal,

> (...) as políticas da globalização econômico-ecológica põem de manifesto a impotência do conhecimento para compreender e solucionar os problemas que têm gerado suas formas de conhecimento do mundo; o discurso do crescimento sustentável levanta uma cortina de fumaça que vela as causas reais da crise ecológica. Assim, ante o aquecimento global do planeta, se desconhece a degradação entrópica que produz a atividade econômica exercida sob a racionalidade econômica, cujo último grau de degradação é o calor, e tenta negar a origem antropogênica do fenômeno ao qualificar seus efeitos como *desastres naturales*" (Leff, Argüeta, Boege e Porto-Gonçalves, 2002).

## 18. O ambiente como *commodity*: há contradições nas soluções liberais de troca da dívida externa por natureza?

Um dos princípios que vêm comandando a geopolítica mundial, em que tem sido fundamental o papel dos organismos multilaterais, é o de se evitar que a crise da dívida se torne uma crise de crédito (Altvater, 1995). Para isso, a questão ambiental vem tendo um papel decisivo enquanto moeda de troca. Na verdade, por meio de vários mecanismos, o MDL e o MCF por exemplo,[37] o que se vê, no fundo, é a troca da dívida externa por natureza. Pouco antes da Rio-92, a proposta de troca de dívida por natureza foi abertamente colocada em pauta, assim como amplamente criticada por razões éticas e políticas.

O mecanismo de troca de dívida por natureza à época consistia em comprar títulos da dívida externa dos países do Terceiro Mundo no mercado a preços baixos, até porque esses países mostravam enormes dificuldades em saldá-los, e trocá-los pelo valor de face na compra de áreas a serem des-

---

[37] O Mecanismo de Desenvolvimento Limpo (MDL), que surge com o Protocolo de Kyoto, tem por objetivo "criar um mercado de $CO_2$, no qual convergem as empresas que contaminam, geralmente situadas nos países do Norte, e os produtores florestais que sequestram carbono, geralmente situados nos países do Sul". E os Mecanismos de Certificação Florestal (MCF) visam a garantir "a um consumidor 'responsável' que os produtos que adquire provêm de um bosque ou plantação de acordo com critérios ecológicos, sociais e econômico-produtivos acordados" (Van Dam, 2002). O mesmo autor assinala que esses mecanismos se valem da ideia, que se torna hegemônica, de que há uma "inoperância e falta de imaginação dos governos, um caráter sempre piloto e microscópico das ONGs (...), ambas associadas à ideia de que o mercado pode lograr a conservação da biodiversidade através do manejo e do aproveitamento sustentável dos recursos florestais, enfim, o que as políticas estatais não têm logrado".

tinadas à conservação ambiental nos países devedores. Assim, estabelece-se um sistema de dupla moral, em que um mesmo título tem dois valores dependendo das condições do negociador: o mercado internacional não paga mais do que uma fração do valor de face do título da dívida externa, que, entretanto, deve ser aceito pelo valor de face pelos países devedores, mediante a venda de áreas para preservação.

À época, os críticos dessa proposta reivindicavam uma auditoria ambiental da própria dívida externa, para o que o caso brasileiro se tornava emblemático. Afinal, grande parte da devastação que se produziu sobre a Amazônia, por exemplo, teve o aval e o financiamento do Banco Mundial e outros organismos multilaterais, dos bancos privados internacionais que não pouparam financiamento a governos que, inclusive, não tinham o aval da própria população por serem regimes ditatoriais. Deste modo, o aval ambiental para a troca de dívida externa por natureza sancionava todo o caráter antidemocrático subjacente a toda aquela devastação e injustiça social posta em prática pelas mesmas instituições que agora se revestem de preocupações ambientais.

Estamos diante, pois, de uma verdadeira chantagem ambiental, que fez com que vastas áreas de alguns países — com destaque para a Costa Rica e Bolívia — fossem destinadas à preservação da natureza, inaugurando-se uma lógica que visa à conservação da biodiversidade e plantio de bosques artificiais para incrementar a capacidade de captura das emissões excedentes dos países do Norte, incapazes por si mesmos de reduzir sua *pegada ecológica*. A biodiversidade adquire, assim, um papel econômico meramente passivo — por sua capacidade de absorção de carbono — no balanço das emissões de gases de efeito estufa e nos processos de mitigação do aquecimento do planeta (Leff, Argüeta, Boege, Porto-Gonçalves, 2002). Entretanto, a Costa Rica, segundo dados da FAO, teve em dez anos (1990-2000) uma taxa de evolução de desmatamento (– 0,80%) duas vezes maior que a média da América do Sul (– 0,41%) e quatro vezes maior que a média mundial (– 0,22%) (Van Dam, 2002).

Como todo mecanismo imposto, a troca de dívida por natureza de modo explícito ou por meio do MDL ou do MCF terá consequências que por fim acabarão por se impor, sendo a mais decisiva delas a de, simplesmente, não atingir os próprios objetivos que diz perseguir, pelo fato essencial de se fazer apesar e à revelia das populações, por acreditar, sobretudo, nas boas intenções autoproclamadas pelos "países doadores", organismos multilaterais, grandes organizações não governamentais e grandes grupos empresariais transnacionais. A questão ambiental vai se tornando um grande negócio, inaugurando-se o que bem podemos denominar neoliberalismo ambiental.

## 19. Que nova divisão ecológico-territorial do trabalho vem se configurando no mundo?

Uma divisão ecológico-territorial do trabalho vai, assim, se conformando: de um lado, os países industrializados, que mantêm seu estilo de desenvolvimento com *pegadas ecológicas* que tornam impossível sua extensão a outros povos e regiões e, de outro lado, países e regiões com populações vivendo em condições subumanas, que veem grandes extensões de suas terras se transformando em unidades de conservação ambiental, (1) como se fossem, rigorosamente, lixeiras que limpam a sujeira lançada à atmosfera pelos países do Primeiro Mundo; ou (2) como se fossem reservas de valor de germoplasma para o futuro, verdadeiros *latifúndios genéticos*.

Como se pode observar, há ainda a transferência de empresas industriais e agrícolas altamente poluidoras ou altamente exigentes de matérias-primas, energia, terra e fotossíntese. Há, assim, uma nova geografia mundial dos proveitos e dos rejeitos, que se constrói por meio da assimilação da dimensão ambiental ao ideário neoliberal e o primado do mercado. Observemos a tabela a seguir.

### Geografia dos proveitos e dos rejeitos
### Mudança na distribuição da indústria do alumínio no mundo
### Indústrias fechadas e indústrias abertas
### entre 1981 e 1988 — (Em toneladas)

| País | Fechada | Instalada |
|---|---|---|
| JAPÃO | 1.549.000 | – |
| EUA | 928.000 | – |
| FRANÇA | 99.000 | 200.000 |
| ITÁLIA | 21.000 | – |
| ALEMANHA | 58.000 | – |
| SUÍÇA | 22.000 | – |
| GRÃ-BRETANHA | 100.000 | – |
| TAIWAN | 84.000 | – |
| CANADÁ (Quebec) | – | 890.000 |
| ISLÂNDIA | – | 200.000 |
| VENEZUELA | – | 1.995.000 |
| BRASIL | – | 335.000 |
| IRÃ | – | 220.000 |
| EMIRADOS ÁRABES | – | 240.000 |
| ARÁBIA SAUDITA | – | 210.000 |
| QATAR | – | 860.000 |
| BAHREIN | – | 50.000 |
| AUSTRÁLIA | – | 420.000 |
| CHINA | – | 100.000 |
| **TOTAL** | 2.861.000 | 5.720.000 |

Fonte: Müller-Plantenberg, 1994.

Estamos diante, assim, de significativa mudança na geografia da indústria de bauxita-alumínio. Contribuíram para isso (1) o aumento dos preços da energia provocado pelo segundo choque do petróleo em 1979 — a indústria de bauxita-alumínio é muito sensível a isso porque é altamente consumidora de energia e água; (2) o modo como as classes empresariais e a classe política a ela ligada veem as populações fora da Europa e dos Estados Unidos e (3) o modo como as classes dominantes nos países que recebem essas indústrias cuidam do território e da qualidade de vida de suas populações. Deste modo, diante (1) das pressões dos ambientalistas nos seus países e (2) do aumento dos preços da energia, as classes dominantes do Primeiro Mundo trataram rapidamente de transferir suas indústrias para a América Latina, Oriente Médio e Canadá, sendo que, neste país, para as regiões tradicionalmente habitadas por populações indígenas. Nessa estratégia, os grandes grupos empresariais contam com o apoio ativo das elites dominantes dos próprios países em desenvolvimento, que, desta forma, em nome do des-*envolvimento*, atraem para seus territórios aquilo que as populações dos países desenvolvidos já não querem mais para si. O caráter moderno-colonial implicado nessas práticas é evidente.

É importante que se considere o papel das agências multilaterais como o Banco Mundial, além dos grandes bancos privados internacionais, como protagonistas dessa redivisão internacional do trabalho, dos seus proveitos e dos seus rejeitos, ao financiarem hidrelétricas, estradas e aparelhamento de portos para exportação do alumínio puro.

Considere-se que, para cada tonelada de alumínio produzido, são deixadas 15 toneladas de rejeitos altamente poluidores sob a forma de uma lama vermelha na região onde ocorre o processo que transforma bauxita em alumina e esta em alu-

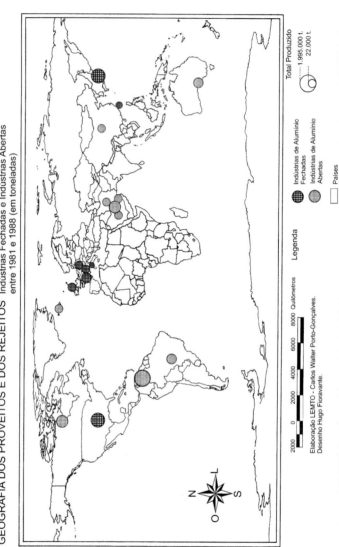

mínio. Resta-nos registrar alguns dos grandes grupos empresariais que estiveram envolvidos nessa grande operação de redistribuição dos proveitos e rejeitos da indústria da bauxita-alumínio. São eles: Mitsubishi Light Metals, Mitsui Aluminium, Nippon Light Metal, Showa Aluminium Ind., Chiba, Sumitomo e Sumukei Aluminium (Japão); Alcoa; Alusine (Conalco), Kaiser, Revere e Reynolds (EUA); Pechiney (França); Aluminio Italia e Italimpianti (Itália); V.A.W. (Alemanha-Áustria); Alusuisse (Suíça), British Aluminium (Inglaterra), Shell (Holanda); Alcan, Albrás, Alunorte, Asea Brown Boveri, Companhia Vale do Rio Doce (grupos transnacionais que operam no Brasil, no caso, associando capitais brasileiros a grupos americanos, canadenses, holandeses e japoneses), entre outros.

A mesma lógica pode ser observada na transferência de indústria de papel e celulose para o Terceiro Mundo, sobretudo para os países tropicais. São indústrias altamente poluidoras, que, além disso, se beneficiam (1) de terras abundantes e mais baratas, (2) da maior incidência da radiação solar, enfim, da fotossíntese abundante nas regiões tropicais, onde sua matéria-prima tem crescimento mais rápido e, então, obtém um rendimento físico por hectare muito maior que nas regiões temperadas e, mais ainda, (3) da relativa proximidade de seu consumo produtivo. Os rejeitos ficam por aqui, assim como a perda de diversidade biológica e, no caso brasileiro, perda também de diversidade cultural, posto que este processo vem atingindo populações camponesas de culturas variadas (caboclos amazônicos, geraizeiros dos cerrados e caatingueiros), quilombolas (populações remanescentes de quilombos) e comunidades indígenas. Exporta-se, deste modo, somente o proveito — o papel e a celulose —, prontos para a indústria gráfica, editorial e de embalagens na Europa, nos Estados Unidos, no

Japão e no Canadá[38]. Ainda no caso brasileiro, cabe destacar que, em Minas Gerais, grandes monoculturas de eucaliptos e *Pinus alba* e *elliotis* foram implantadas em terras públicas — os chamados gerais —, mediante concessões de amplas áreas a grandes grupos empresariais para produzirem carvão vegetal, que é consumido produtivamente nas siderurgias da região e exportado como aço fino. Assim, verdadeiros latifúndios produtivos com monoculturas de espécies para a indústria celulósica ou de carvão vegetal (várias espécies de pínus, gmelina e de eucaliptos) existem hoje em Laranjal do Jari, no Amapá, e Monte Dourado, no Pará, ligada ao Projeto Jari; no Quadrilátero Ferrífero e no norte de Minas Gerais (região de Montes Claros) e no Espírito Santo e norte do Rio de Janeiro. Esse processo deu origem à expressão *deserto verde*, pelo empobrecimento genético e desequilíbrio hídrico que provoca. O mesmo também pode ser observado no Chile, contra o que os índios Mapuche vêm se posicionando.

Muitas dessas indústrias capturam o discurso e o financiamento para o sequestro de carbono e se apresentam até mesmo com selo verde. Não podia ser maior a inversão de papéis, e como, em nome da questão ambiental — gravíssima em si mesma —, vêm se criando novos campos de acumulação de capital, o problema é mais sério do que o discurso aponta.

Essa lógica de distribuir desigualmente os rejeitos e os proveitos atinge as barras da imoralidade no caso do lixo radiativo. Nesse caso, os valores que se consagram numa so-

---

[38] O novo ambientalismo brasileiro emergiu exatamente contra essas empresas de papel e celulose, contra a implantação da indústria norueguesa Borregaarde (hoje, Riocel) às margens do rio Guaíba em Porto Alegre (1969-1970).

ciedade que se deixa levar pelos princípios liberais e pela lógica mercantil mostram um outro ângulo, igualmente perverso, das suas contradições ambientais. É que, sendo os rejeitos aquilo que num dado processo de uso se mostra sem valor, tendem a ser colocados nos lugares também sem valor, ou que se desvalorizam porque ali foram colocados os rejeitos e, sendo lugares desvalorizados, tendem a ser habitados por pessoas igualmente desvalorizadas e sem grande poder de pressão, pelo menos a princípio. É o que se pode constatar nos Estados Unidos, onde os bairros negros foram identificados como as áreas mais perigosas quanto a depósitos de material tóxico. Essa espécie de racismo ambiental se reproduz à escala internacional, com a deposição de lixo tóxico em países igualmente pobres, muitas vezes mediante pagamento por esses *serviços* prestados à qualidade de vida dos ricos.

Há, no mesmo sentido, rotas de risco, por onde, preferencialmente, se deslocam navios petroleiros ou que transportam materiais tóxicos que são cada vez mais usados, sobretudo a partir do desenvolvimento das nanotecnologias, da química fina, eletrônica e assemelhados. São rotas que evitam passar nos lugares de *Primeiro Mundo*, até porque os custos de indenização seriam maiores porque são lugares mais caros e de gente que, exatamente por isso, têm meios de exercer pressão e cobrar caro pela eventual contaminação do lugar onde moram.

A rota da costa de Portugal e da Galiza vem sendo vítima de sucessivos *acidentes ecológicos* provocados por navios petroleiros e outros que transportam produtos químicos. Em 1976, em La Coruña, tivemos o derrame de petróleo pelo petroleiro *Urquiola*; em 1987, em Fisterra, o *Buque Casón* espalhou material tóxico; em 1992, em La Coruña novamente, novo derrame pelo petroleiro *Mar Egeo*; e, em 2002, o navio *Prestige* derramou petróleo em praticamente todo o litoral da Galiza. Retenha-se a informação de que nenhum desses navios era português ou galego. Saliente-se, ainda, que o lixo tóxico inglês é lançado em fossas oceânicas na costa da Galiza.

Esses lugares e trajetos não são escolhidos por razões exclusivamente técnicas ou, quando técnicas, entram nessas considerações o preço da terra, que na geografia do mercado é diferencial — nem todos os lugares valem a mesma coisa e, assim, é *tecnicamente* mais barato passar por determinadas rotas, por determinados lugares cujos preços, até para casos de indenizações, são mais baratos.

A mesma lógica pode, ainda, ser identificada na confortável posição de algumas ONGs que operam a partir dessa mesma lógica da colonialidade, conforme denunciam os pesquisadores do Grupo de Reflexão Rural da Argentina, que discorda

> (...) publicamente de certas campanhas do Greenpeace Argentina a favor do *Biodiesel*, que parecem priorizar certas equações energéticas, mas que não levam em conta o modelo agrário e o tipo de sementes com que se fabricaria esse combustível vegetal. De fato, vários municípios do sul da província de Santa Fé, no coração do domínio biotecnológico, embarcaram no projeto de *gasoil verde* que fecha absolutamente com o modelo. O negócio das transnacionais está na venda de insumos, de glifosatos e de sementes OGMs [*sic*], e também na apropriação do território (...). Por outra parte, é evidente que cultivos industriais destinados ao *biodiesel* só se justificariam com uma agricultura de grande escala onde não houvesse maiores objeções ao uso de transgênicos, dado que não seriam os grãos destinados para a alimentação. Assim cultivaríamos soja ou girassol para produzir combustíveis, que por sua vez usaríamos para cultivar soja e girassol, com o que faríamos combustível etc.

etc. Cremos que estas razões são mais que suficientes para não insistir na campanha do biodiesel ao menos desde posições que se querem ecologistas (Rulli, 2002).

Desta maneira, a mercantilização da natureza sob a nova geopolítica econômico-ecológica aprofunda as diferenças entre países ricos e pobres sob os princípios do *desenvolvimento sustentável*. A nova globalidade justifica as vantagens comparativas entre os países mais industrializados e contaminantes e os países pobres que revalorizam sua capacidade para absorver os excessos dos países ricos e oferecem os recursos genéticos e ecoturísticos de suas reservas de biodiversidade. As diferenças entre países centrais e periféricos já não se dá somente pela pilhagem e superexploração visível dos recursos, mas fica camuflado sob as novas funções atribuídas à natureza nas estratégias de apropriação de bens e serviços ambientais do planeta (Leff, Argüeta, Boege, Porto-Gonçalves, 2002).

## 20. As novas relações entre instituições multilaterais, corporações multinacionais do petróleo e grandes ONGs na regulação dos recursos naturais à escala planetária: ligações perigosas?

Toda a retórica discursiva ambiental em torno da mudança climática global fica seriamente comprometida quando se vê como agem as grandes corporações do mundo do petróleo, as instituições multilaterais que lhes dão apoio, como o Banco Mundial, e até mesmo grandes organizações não governamentais. Pelo poder que essas instituições detêm, podemos dizer que, apesar do discurso, elas são responsáveis, na prática, por colocar todo o destino do planeta em risco, sobretudo quando vem à luz o que ocorre com as populações dos lugares e das regiões em que essas grandes corporações do petróleo mais diretamente exercem sua ação e sobre as quais deixam suas marcas concretas de derramamento de óleo e de sangue. Não há nenhum exagero retórico nessa expressão, como nos deixa ver o caso de Ken Saro-Wiwa, líder do povo Ogoni executado com mais oito companheiros na Nigéria em 1995, que envolveu a multinacional Shell e a própria ação, no mínimo equivocada, de algumas grandes organizações não governamentais internacionais.

Ainda recentemente, no ano 2000, o Banco Mundial aprovou empréstimos no valor aproximado de 200 milhões de dólares somente para o projeto do oleoduto Chade-Camarões, área onde atuam a Exxon Mobil e a Chevron (Friends of the Earth, 2001). O Banco Mundial, ao mesmo tempo que continua dando apoio a esses grandes e gigantescos projetos, vem procurando assimilar, à sua maneira, as duras críticas que lhes foram dirigidas, sobretudo pelos ambientalistas, nos anos 1970 e 1980 por seu apoio à construção de grandes barragens, estradas e outras grandes obras de infraestrutura para a expansão do desenvolvimento. Procurando incorporar as críticas, o Banco Mundial vem mantendo um Programa de Pequenos Projetos (PPP), de ajuda a pequenas comunidades, tido como muito bem-sucedido, que, entretanto, se mostra extremamente limitado quando se faz um balanço dos créditos que o Banco Mundial continua dando aos grandes projetos de infraestrutura e os compara a esses pequenos projetos. O maior sucesso do Programa de Pequenos Projetos do Banco Mundial talvez seja o de arrefecer as contradições geradas pelos próprios projetos de desenvolvimento, que, na outra ponta, conta com o apoio do banco por meio do seu Programa de Grandes Projetos (PGP).

No caso da questão ambiental, especificamente, grande parte dos recursos para as políticas para o meio ambiente nos países pobres vem do Banco Mundial e outras instituições multilaterais. Essas instituições vêm estimulando fortemente a participação de organizações não governamentais a pretexto de que esses países não dispõem de recursos suficientes para cuidar do desenvolvimento e ainda do meio ambiente, porque seus governos são tidos como incompetentes e corruptos (eis a colonialidade do poder rediviva) e, por isso, devem ser substituídos pelas organizações não governamentais, cujo financiamento se faz segundo a agenda do Banco Mundial e outros organismos internacionais. Insisto na precisão neoliberal da expressão *não governamental*, que é significativa do universo ideológico em que opera.

Um bom caso para ser estudado é o da Funbio, uma organização não governamental estimulada pelo Banco Mundial, que lhe dá suporte institucional e financeiro, cujo objetivo é aplicar a Convenção de Diversidade Biológica nos diferentes países, nesse caso no Brasil. Atente-se para o formato institucional e de poder dessa ONG, que tem representantes de empresas e do governo, mas não é do Estado.[39] Eis o desenho que vem tomando o neoliberalismo ambiental, sobretudo a partir da segunda metade dos anos 1990.

Novas expressões e práticas políticas foram recentemente introduzidas no léxico político, como as *parcerias* (*partnerships*, *partenariat*), em que se estabelecem alianças produtivas que, como salientam o colombiano Javier Marín e o mexicano Enrique Leff, constituem negociações de interesses nos marcos de uma "abismal desigualdade de poderes" (Marín,

---

[39] Considerando-se o caráter estratégico da biodiversidade, é, no mínimo, estranho que esse desenho político-institucional não venha merecendo maiores atenções críticas.

2003). Um dos casos mais patéticos dessas parcerias podemos encontrar entre os indígenas Huaorani, no Equador, que concederam à transnacional italiana Agip Oil autorização para construir uma plataforma de petróleo, estender um oleoduto e extrair o petróleo da província norte-oriental de Pastaza em troca de a empresa entregar

> (...) a cada una de las seis comunidades Huaorani, un aula escolar, un curso de salud, una radio, una batería con panel solar, 50 kilos de arroz, 50 de azúcar, dos cubos de grasa, una bolsa de sal, un silbato de juez y dos balones de fútbol, 15 platos, 15 tazas y un armario con 200 dólares en medicinas, en una única partida (Marín, 2003).

Esse exemplo de parceria entre comunidade e setor produtivo está longe de ser exceção, quando se vê a desproporção entre os recursos que o Banco Mundial destina ao seu Programa de Pequenos Projetos (PPP) e ao seu Programa de Grandes Projetos (PGG).

O caso dos indígenas Huaorani é emblemático para que compreendamos o deslocamento neoliberal que se vem operando na política global sobre e para essas comunidades e seus lugares e regiões. Relembremos que, ainda nos inícios dos anos 1990, essas mesmas comunidades huaorani lutavam contra 22 companhias petroleiras transnacionais que também contavam com a proteção militar do Estado equatoriano e que, à época

> (...) os huaorani do Equador lograram mobilizar organizações ambientalistas nacionais e internacionais contra a planejada exploração petroleira da DuPont-Conoco Oil Company em território indígena. A campanha da organização huaorani, que contou com o apoio da organização internacional indígena SAIIC

(Oakland, Ca) e do Sierra Club Legal Defense Fund (EUA), teve êxito e a companhia petroleira cancelou as operações em território indígena. As organizações de indígenas amazônicos peruanos obtiveram um êxito parecido, com o anúncio do cancelamento em setembro de 1991 do contrato da companhia petroleira Texas Crude, de Houston, Texas, com o governo peruano para a exploração da região de Pacaya Samiria no Amazonas indígena (Varese, 1991).

Desde a segunda metade dos anos 1990 há um deslocamento da atuação de algumas grandes organizações não governamentais, não só com relação ao mercado como também em relação à ação das corporações multinacionais e do próprio Banco Mundial, quando muitas delas passam a pôr em prática uma visão acerca dessas instituições muito diferente daquela que a maior parte das organizações populares vinha mantendo até então. Observemos que no universo discursivo do mundo das ONGs cada vez mais se fala de profissionalismo, competência e agenda positiva, e menos em militância, amadorismo e contestação.

Em *Le Monde Diplomatique* de maio de 1998, o então secretário-geral de Anistia Internacional afirma que as instituições financeiras internacionais e as sociedades transnacionais "devem utilizar sua influência para tratar de pôr fim às violações dos direitos humanos cometidas pelos governos e pelos grupos armados de oposição nos países onde operam" (*apud* Alejandro Teitelbaum, 2003). Depois de indicar que o silêncio das grandes empresas não é neutro, o secretário-geral da Anistia Internacional assinala que, enquanto o mundo fazia campanha para evitar a execução de Ken Saro-Wiwa[40] e mais

---

[40] Os familiares de Ken Saro-Wiwa estão processando atualmente a Shell perante um tribunal de Nova York por cumplicidade no assassinato do líder ogoni.

oito ogoni na Nigéria, em 1995, sua ONG exortava a companhia petroleira Shell a intervir, mas que a empresa se negara, alegando que não podia intervir na política interna nigeriana. O secretário-geral da Anistia Internacional se referia à Shell "como uma empresa muito influente na Nigéria, que podia interceder com todo seu peso diante do governo do país", atribuindo, assim, um papel político de defesa dos direitos humanos a empresas que sempre se caracterizaram por apoiar governos que estavam no banco dos réus com relação aos direitos humanos.

Nesse mesmo artigo, anunciando sua aproximação com as grandes corporações multinacionais, a Anistia Internacional afirma que havia elaborado uma "lista de controle" para ser incorporada aos códigos de conduta das empresas. No ponto 2 — Segurança — dos "Princípios de Direitos Humanos da Anistia Internacional para as sociedades (empresas)", pode-se ler que "o pessoal de segurança empregado ou contratado (pelas empresas) deveria estar formado de maneira apropriada. Os procedimentos deveriam estar em conformidade com os Princípios Básicos para o uso da força e das armas de fogo pelos funcionários encarregados de fazer cumprir a lei", sem que a ONG ao menos se pergunte o que significa reconhecer a privatização do uso da força e a legitimação das milícias privadas das sociedades transnacionais, como bem comentara Alejandro Teitelbaum (*ibid.*).

Em outro artigo publicado em dezembro de 2000, também em *Le Monde Diplomatique*, são relatadas as campanhas da Anistia Internacional e Human Rights Watch para convencer as grandes sociedades transnacionais a "assumir responsabilidades econômicas e sociais de conformidade com seu poder e sua influência". Ali se informa que a Anistia Internacional encontrou uma nova fórmula — "human rights is the business of business" — e que "decidiu estender a mão às multinacionais, consideradas neste assunto como aliadas" e que "tem desenvolvido uma política de encontros e de intercâmbio de ideias com vistas a chegar a um objetivo comum" (Paringaux, 2000: 4-5). Estes intercâmbios devem estar sendo facilitados em boa parte pelo fato de, à época, o responsável pelo "Grupo Negócios" da Anistia Internacional no Reino Unido ser um ex-funcionário da Shell, segundo informa o mesmo artigo.

Por toda essa nova configuração nas relações sociais e de poder da geopolítica mundial envolvendo a problemática ambiental, vê-se que as organizações não governamentais estão cada vez mais implicadas nos conflitos e não necessariamente mais do mesmo lado em que se encontravam nos anos 1970 e 1980, como o caso dos huaorani e dos ogoni demonstram.

No Brasil, enquanto os movimentos camponeses, como o dos seringueiros, conseguiram inventar uma unidade de conservação em que as populações originárias, ou que construíram suas culturas em íntima relação com a natureza, detêm o controle da gestão dos recursos naturais, como a reserva extrativista, outras unidades de conservação vêm sendo propostas, *flexibilizando* esse princípio de defesa da natureza pelas próprias populações, conquistado com muito sangue, suor e lágrimas pelos camponeses, indígenas e afrodescendentes.

Nas novas unidades de conservação que vêm sendo propostas, as populações originárias e locais perdem a primazia no controle e gestão dos seus próprios recursos naturais, que passam a ser feitos por empresas e ONGs em nome do "uso racional dos recursos naturais", conforme as unidades recém-criadas de floresta nacional e de reserva de desenvolvimento sustentável. Não há como não se ver nessa expressão — uso racional dos recursos naturais — também um forte componente etnocêntrico, marcado pela colonialidade do saber e do poder, haja vista ser considerado como racional aquele uso que se faz com base no saber técnico-científico convencional. Resta, sempre, a ironia de ver que as regiões onde a biodiversidade do planeta é maior são aquelas que ficaram historicamente à margem do uso desse tipo de racionalidade técnico-científica.

Há, ainda, as reservas particulares de patrimônio natural (RPPN), que vêm proporcionando, no Brasil, aos grandes latifundiários legitimarem a historicamente injusta distribuição de terras do país, na medida em que não mais se questiona o fato de grandes extensões de terras estarem sendo apropriadas de modo privado, impedindo o acesso de grande parte da população aos recursos naturais (terras, águas e biodversidade). O pressuposto é que essas terras, ao se transformarem em RPPNs, podem prestar "serviços ambientais" à sociedade como um todo. Resta explicar por que esse objetivo de prestar serviço ambiental deve ser realizado sem que haja uma democratização do controle e gestão dos recursos naturais e, ainda, por que são as populações originárias, camponesas e afrodescendentes, aquelas que não têm suas práticas culturais voltadas para o valor de troca, que vêm sofrendo restrições estabelecidas por um discurso (com as práticas daí decorrentes) que se apresenta em nome "do uso racional dos recursos naturais". Assim, é interessante observar que é nesse período em que mais se avançou na proposta de gestão comunitária de recursos naturais (reservas extrativistas) que propostas como essas de reserva particular de patrimônio natural, assim como as de florestas nacionais ou reservas de desenvolvimento sustentável, vieram à baila.

Assim, não é natural a maneira como diferentes modos de apropriação da natureza — comunitários, coletivos ou comunais — vêm se transformando em propriedade privada e, mais ainda, em propriedade privada capitalista. O paradoxo é que nessas comunidades, onde se encontram as maiores reservas de diversidade biológica do planeta, reinam, quase absolutas, as práticas de uso comum, comunitário ou coletivo dos recursos naturais.

Entretanto, mais do que uma avaliação teórica de um analista das contradições socioambientais com que nos defrontamos, as novas relações implicadas nesse contexto de neoliberalismo ambiental vêm sendo claramente percebidas pelas próprias populações envolvidas. Assinalemos, pela lucidez, como toda essa complexa rede de interesses contraditórios foi captada pelos indígenas organizados em torno da Cordinadora de las Organizaciones Indígenas de la Cuenca Amazónica (Coica). Em suas resoluções declaram:

> Em face da incursão de empresas extrativas nos territórios ancestrais indígenas, a Coica os declara espaços de paz e desenvolvimento para a sobrevivência dos povos indígenas. Por isso, exige dos governos que reforcem a demarcação e legalização destes territórios, que declarem a alguns deles zonas intangíveis, que revisem os contratos com estas empresas, que formulem políticas e estratégias que respeitem os direitos coletivos dos povos indígenas (Coica, 2003).

Por outro lado, os indígenas amazônicos ratificaram sua decisão de

> (...) desenvolver-se como *atores independentes, com uma agenda própria que responda a suas próprias prioridades. Por isso, exigiram que qualquer ator que estabeleça relações com os povos e organizações indígenas considere e se adapte à Agenda Indígena Amazônica e não imponha programas que representam outros interesses* (ibid.).

Considerando que "os projetos que desenvolvem algumas instituições com os povos indígenas muitas vezes beneficiam mais as primeiras que os últimos", os dirigentes da Coica resolveram estabelecer mecanismos de monitoramento e avaliação dos recursos que cheguem a favor dos povos indígenas. Também se comprometeram a lutar para que estes recursos não alimentem a burocracia de certas ONGs e esclareceram que estas não estão autorizadas a arrecadar fundos em seu nome se não garantirem a participação direta na gestão, implementação e avaliação dos projetos. A clareza não podia ser mais cristalina.

## 21. Um "novo" ciclo da água? Água não se nega a ninguém.

A disputa pela apropriação e controle da água vem se acentuando nos últimos anos, mais precisamente, na segunda metade dos anos 1990. Se tomarmos tanto *O nosso futuro comum*, relatório da Comissão Brundtland, como os diversos documentos e tratados saídos da Rio-92, inclusive a Agenda XXI e a Carta da Terra, para ficarmos com as referências mais importantes do campo ambiental nos últimos vinte anos, chega a ser surpreendente o tratamento extremamente tímido que a água merece, se comparamos com o destaque que vem merecendo na última década, a ponto de ser apontada como a razão maior das guerras futuras.

Apesar desse súbito interesse pela água ser recente, a água já era um problema há muito tempo para parcelas significativas da população, sobretudo os mais pobres. Uma rápida mirada sobre o cancioneiro popular brasileiro já seria o bastante para sabermos disso — "*Lata d'água na cabeça/ Lá vai Maria/ Lá vai Maria/ Sobe o morro e não se cansa/*

*Pela mão leva a criança/ Lá vai Maria"*. Tudo parece indicar que, enquanto a água foi um problema somente para as maiorias mais pobres da população, o assunto se manteve sem o devido destaque. Ou, quando foi considerado um tema politicamente relevante, o foi numa perspectiva de instrumentalização da miséria alheia, como no caso das oligarquias latifundiárias do semiárido brasileiro com a famosa "indústria da seca", assim como, também nas cidades, não foram poucos os "políticos de bica d'água", que, populisticamente, se constituíram por meio da miséria dos sem-água — parte, na verdade, de um quadro geral dos sem-direitos.

Hoje, a questão da água não se apresenta mais como um problema localizado, mas manipulado seja por oligarquias latifundiárias regionais ou por políticos populistas. Esses antigos protagonistas, que durante tanto tempo manejaram a escassez de água intermediando secas e bicas, estão sendo substituídos no controle e gestão desse recurso por novos e outros protagonistas. Entretanto, o mesmo *discurso da escassez* vem sendo brandido, acentuando a gravidade da questão, agora à escala global. O fato de agora se manipular um discurso com pretensões de cientificidade e que invoca o *uso racional dos recursos* por meio de uma gestão técnica nos dá, na verdade, indícios de alguns dos novos protagonistas que estão se apresentando — no caso, os gestores com formação técnica e científica.

O novo *discurso da escassez* nos diz que, embora o planeta tenha três de suas quatro partes de água, 97% dessa área é coberta pelos oceanos e mares e, por ser salgada, não está disponível para consumo humano; que, dos 3% restantes, cerca de 2/3 estão em estado sólido nas geleiras e calotas polares e, assim, também indisponíveis para consumo humano; deste modo, menos de 1% da água total do planeta seria potável, num discurso de escassez de tal forma elaborado que, ao final, o leitor já está com sede. Essa estatística, ao tentar dar precisão científica ao *discurso da escassez*, comete erros primários do próprio ponto de vista científico de onde procura retirar sua legitimidade. Afinal, a água doce que circula e está disponível para consumo humano e ainda permite toda a sorte de vida que o planeta conhece é, em grande parte, fruto da evaporação dos mares e oceanos — cerca de 505.000 km$^3$, ou seja, uma camada de 1,4 metro de espessura evapora anualmente dos oceanos e mares que, embora sejam salgados, não transmitem o sal na evaporação. Informe-se, ainda, que 80% dessa água evaporada dos oceanos e mares se precipita sobre suas próprias superfícies. P. H. Gleyck (1993; *apud* GEO 3, 2002: 150) avalia que, dos 119.000 km$^3$ de chuvas que caem sobre os continentes, 72.000 km$^3$ se evaporam dos lagos, das lagoas, dos rios, dos solos e das plantas (evapotranspiração) e, assim, 47.000 km$^3$ anualmente escoam das terras para o mar, "das quais mais da metade ocorrem na Ásia e na América do Sul, e uma grande proporção em um só rio, o Amazonas, que leva mais de 6.000 km$^3$ de água por ano" aos oceanos. Assim, a água disponível para a vida é, pelo menos desde o recuo da última glaciação entre 12 mil e 18 mil anos atrás, a mesma desde então até os nossos dias, com pequenas variações. Se maior não é a quantidade de água potável é porque, na verdade, maior não pode ser, a não ser, como indicamos, pela regressão das calotas polares e dos glaciares, fruto de mudanças climáticas planetárias produzidas por causas complexas e, muito recentemente em termos da história do planeta, pela matriz energética fossilista pós-Revolução Industrial.

Deste modo, por um desses caminhos tortuosos por meio dos quais a vida e a história transcorrem, temos, hoje, uma quantidade maior de água doce sob a forma líquida em virtude do efeito estufa e o consequente aumento do aquecimento global do planeta, com o derretimento das calotas polares e glaciares.

Todavia, apesar desse aumento da água doce disponível, estamos diante de um aumento da escassez de água em certas regiões, com a ampliação significativa de áreas submetidas a processos de desertificação, conforme a ONU vem acusando (GEO 3, 2002: 16 e segs.). Observamos, ainda, uma incidência cada vez maior de chuvas torrenciais e de secas pronunciadas, com calamidades extremas, como inundações e incêndios florestais, que não mais atingem somente as populações mais pobres e mais expostas a riscos ambientais maiores, mas também áreas nobres, com suas mansões sendo queimadas, seja na Califórnia, seja no Mediterrâneo, com incêndios incontrolados cada vez mais frequentes em função de elevações térmicas acompanhadas de baixíssimos índices de umidade relativa do ar. Tudo indica que estamos imersos num complexo processo de *desordem ecológica* que, mesmo diante de maior quantidade de água doce disponível sob a forma líquida, está produzindo um aumento da área desertificada e do número de localidades submetidas a estresse hídrico, inclusive em muitas das grandes cidades do mundo. Enfim, é de uma *desordem ecológica* global que estamos falando e não simplesmente de escassez de água, como vem sendo destacado.

Entretanto, é preciso sublinhar que, embora estejamos diante de uma desordem ecológica global, particularmente visível quando abordada a partir da água, seus efeitos, estão longe de ser distribuídos igualmente pelos diferentes segmentos e classes sociais, pelas diferentes regiões e países do mundo, assim como estão muito desigualmente distribuídos os meios para lidar com a questão. Não bastassem esses efeitos, há um outro, pouco debatido mas de efeitos igualmente graves, que diz respeito ao fato de que outras diferentes formas de lidar com a água desenvolvidas por diferentes povos e culturas em situações muito próprias estão impossibilitadas de serem exercidas, até porque essa desordem ecológica de caráter global produz desequilíbrios locais de novo tipo, cujas dinâmicas hídricas estão longe de constituir um padrão que possa servir de referência para as práticas culturais. Esse problema vem sendo acusado por populações camponesas em diferentes regiões e lugares no Brasil, que não mais conseguem fazer as previsões de tempo com a mesma precisão de não mais que trinta anos atrás (anos 1970). Assim, diferentes culturas e, com elas, diferentes modos de se relacionar com a natureza também vão sendo extintos e, com eles, todo um enorme acervo de conhecimentos diversos de como lidar com as dinâmicas naturais.

A atual disputa pelo controle e gestão da água, parte da crise ambiental, revela, também, a crise da racionalidade instrumental hegemônica na ciência da sociedade moderno-colonial. No caso da água, a própria natureza líquida da matéria parece escapar àqueles que tentam aprisioná-la às especialidades com que nossa departamentalizada universidade forma, conforma e deforma seus profissionais. A água, afinal, não cabe naquela simplificação típica dos livros didáticos, e que comanda o imaginário dos cientistas, em que uma superfície líquida submetida à radiação solar transforma-se em vapor e, depois, em nuvens que se condensam e precipitam, dando origem a rios e lagos e outras superfícies líquidas que submetidas à radiação solar... enfim, o ciclo da água. Ciclo abstrato, até porque ignora que tanto aquele que desenha o ciclo da água como o que está desaprendendo o que é o ciclo da água são seres humanos, que eles mesmos, enquanto seres vivos que são, contêm em seus corpos, em média, mais de 70% de água. Quando transpiramos ou fazemos xixi, estamos imersos no ciclo da água. O ciclo da água não é externo a cada um de nós, passando por nossas veias materialmente e não só literalmente — nosso sangue é, em 83%, água. E não só: quando nos sentamos à mesa para comer, deveríamos saber que o cereal, a fruta e o legume não só contêm em si mesmos água, como também todo o processo de sua produção agrícola envolveu um elevado consumo de água. A agricultura é responsável pelo consumo de 70% da água de superfície no planeta! Assim, é todo o sistema agrário-agrícola que está implicado no "ciclo da água"! O mesmo pode ser dito dos pratos de cerâmica ou de metal, dos talheres de aço inoxidável ou de alumínio que, para serem produzidos, exigem um elevadíssimo consumo de água, além de lançarem resíduos líquidos em altíssima proporção no ambiente como rejeito. Em todo o mundo, a indústria é responsável pelo consumo de 20% da água superficial. Todo o sistema industrial se inscreve, assim, como parte do "ciclo da água" e, deste modo, vai se mostrando toda a complexidade da relação sociedade-natureza implicada no ciclo da água, muito longe do conhecimento dos especialistas formados no simplificador paradigma atomístico-individualista-reducionista, que, embora seja visto como parte da solução é, também, parte do problema (Porto-Gonçalves, 1989). Deste modo, o sistema agrário-agrícola e todo o sistema industrial se inscrevem como parte do ciclo da água e, se desequilíbrio há com relação à água, ele deve ser buscado nas complexas relações sociedade-natureza que manifesta também no sistema hídrico suas próprias contradições.

É sempre bom lembrar que a água é fluxo, movimento, circulação. Portanto, *por* ela e *com* ela flui a vida e, assim, o ser vivo não se relaciona com a água: ele *é* água. É como se a vida fosse um outro estado da matéria água, além do líquido, do sólido e do gasoso — estado vivo. Os cerca de 8 milhões de quilômetros quadrados relativamente contínuos de floresta ombrófila, em grande parte fechada, no Brasil, Bolívia, Colômbia, Equador, Guianas, Peru, Suriname e Venezuela, com suas 460 toneladas de biomassa por hectare em média, é, em 70%, água e, assim, se constitui num verdadeiro "oceano verde" de cuja evapotranspiração depende o clima, a vida e os povos de extensas áreas da América Central e do Sul, do Caribe e da América do Norte e do mundo inteiro.

A água não pode ser tratada de modo isolado, como faz a racionalidade instrumental predominante em nossa comunidade científica, de modo especializado, como se fosse um problema de especialistas. A água tem que ser pensada enquanto território, isto é, enquanto inscrição da sociedade na natureza, com todas as suas contradições implicadas no processo de apropriação da natureza pelos homens e mulheres por meio das relações sociais e de poder.

O ciclo da água não é externo à sociedade, ele a contém com todas as suas contradições. Assim, a crise ambiental, vista a partir da água, também revela o caráter de crise da sociedade, assim como de suas formas de conhecimento.

## 22. Como se configura a desordem ecológica vista a partir das águas?

O malthusianismo, como se sabe, exerce, ainda, uma forte influência no debate ambiental e faz parte de um discurso do medo, do pânico, em nome do que se tenta convencer os outros da validade de suas propostas, quase sempre, o controle da população. Também com relação aos recursos hídricos, a mesma cantilena é aduzida como se os problemas derivassem do crescimento da população. Entretanto, e aqui mais uma vez, a questão parece ser mais complexa do que esse reducionismo, pois, se a população mundial cresceu três vezes desde os anos 1950, a demanda por água cresceu seis vezes, segundo nos informa o diretor da Agência Nacional de Águas do Brasil, sr. Jerson Kelman (2003). No Canadá, entre 1972 e 1991, enquanto a população cresceu 3%, o consumo de água cresceu 80%, segundo a ONU (GEO 3, 2002: 153). Considerando-se o nível de vida da população canadense, os dados acima, quando comparados com o crescimento da população mundial e a demanda global por água, mostram claramente que é o crescimento exponencial do consumo de populações com o nível de vida europeu e norte-americano que está aumentando a pressão sobre esse e outros recursos naturais de modo insustentável. Assim, a demanda por água é maior do que o crescimento demográfico, indicando que devemos buscar em outro campo as razões do desequilíbrio hidrológico.

A urbanização se coloca como um componente importante dessa maior demanda por água. Afinal, um habitante urbano consome em média três vezes mais água do que um habitante rural, assim como a pegada ecológica, água incluída, entre os habitantes do Primeiro Mundo e os do Terceiro Mundo é extremamente desigual. Segundo Ricardo Petrella (2003), "um cidadão alemão consome em média nove vezes mais água do que um cidadão na Índia".

Além disso, as aglomerações urbanas cada vez maiores exigem captação de água a distâncias cada vez maiores, para não nos referirmos à energia que por todo lado implica mudar o uso e o destino (e os destinatários, não nos esqueçamos) da água, não só quando é produzida enquanto hidrelétrica, como também nas termelétricas e nas usinas nucleares, onde a água é amplamente utilizada para fins de resfriamento das turbinas. Segundo a ONU, somente nos últimos cinquenta anos, entre 40 e 80 milhões de habitantes, quase sempre camponeses e populações originárias, foram atingidos por inundação de suas terras para fins de construção de diques e barragens (GEO 3, 2002: 151). Dos 227 maiores rios do mundo, 60% foram barrados por algum dique nesse mesmo período e, ainda em 1998, estavam sendo construídos nada menos que 349 diques com mais de 60 metros de altura em diferentes países do mundo, em grande parte financiados pelo Banco Mundial, com enorme impacto socioambiental por todo lado (*ibid.*).

O crescimento da população urbana e da industrialização, com a consequente expansão da economia mercantil que o acompanha e impulsiona, está impondo mudanças significativas no modo de organização do espaço em todo o mundo. As monoculturas passam a predominar nas paisagens rurais, visando a abastecer os centros urbanos tanto no interior dos diferentes países como para garantir o fluxo de matéria entre os países, fluxo esse dirigido sobretudo aos países hegemônicos, sem o que os valores de uso concretos não podem ser produzidos e o usufruto da riqueza tangível, implicado num estilo de vida consumista tão ciosamente induzido pelos meios de comunicação de massas, possa ser praticado. Não sem razão, a irrigação e a captação de águas subterrâneas se generalizam, tanto para fins agrícolas como de abastecimento urbano-industrial, com o uso crescente em todo o mundo, sobretudo nos últimos trinta anos, de bombas a *diesel* e de poços artesianos. A tabela a seguir nos indica que o consumo doméstico, sobretudo urbano, já rivaliza com o uso agrícola com relação à captação de águas subterrâneas (37% contra 38%) e, se acrescentarmos o uso industrial, vemos que já ultrapassam de longe o uso agrícola, com 62% (doméstico + industrial) contra 38% do uso agrícola que, entretanto, é de 61% no que concerne às águas superficiais. O problema da água, literalmente, se aprofunda e, como se viu, se alastra, à medida que a produção de monoculturas para fins de alimentação e de matérias-primas agrícolas e pecuárias para fins industriais se expandem espacialmente, consumindo mais terras, mais águas, mais solos.

### Consumo de água no Brasil (em %)

| Consumo | Superficial | Subterrânea |
|---|---|---|
| Agrícola | 61 | 38 |
| Industrial | 18 | 25 |
| Doméstico | 21 | 37 |

Fonte: WWF, 2003 (*apud O Globo*, 2003).[41]

Assim, numa outra escala geográfica, agora global, a lógica industrial volta a se encontrar com a água, relação essa que esteve presente já nos inícios da Revolução Industrial com a máquina a vapor (d'água). Ali, o carvão viera substituir a madeira no aquecimento da água, haja vista a escassez de madeira para esse fim. Pouco a pouco os motores foram se transformando e se tornando mais eficientes em termos energéticos, sem, entretanto, deixar de consumir água. Afinal, maior eficiência energética implica maior capacidade de transformação da matéria e, com isso, maior consumo de água, maior dissipação de energia sob a forma de calor (2° princípio da termodinâmica) e, nas turbinas concretamente, maior necessidade de água para resfriamentos. A maior eficiência que se obtém numa escala micro ao se generalizar torna possível a maior transformação global da matéria e, deste modo, ace-

---

[41] Consultar o *site* do WWF: www.wwf.org.br

lera a transformação global da natureza, do que o efeito estufa e as mudanças climáticas globais são uma demonstração, como também a desordem ecológica global que vimos assinalando. Desta forma, as soluções encontradas à escala micro para resfriar as turbinas, ou o termostato que desliga automaticamente a máquina quando atinge certo grau de aquecimento, não são transplantáveis para a escala do planeta como um todo, para que se possa amenizar o aquecimento global provocado pelo efeito estufa. Como se vê, a água flui por meio da agricultura, da indústria, do nosso estilo de vida, e a pressão sobre seu uso está longe de ser explicada pelo crescimento da população, simplesmente, como quer a matriz malthusiana de pensamento.

Hoje, com o motor a *diesel* se busca água no subsolo e, com isso, introduzem-se no nosso léxico cotidiano novas expressões, como *aquíferos*, já que as águas superficiais e mesmo os lençóis freáticos já não se mostram suficientes, pelo menos na hora e no lugar desejados. Cada vez é maior o saque aos aquíferos e, deste modo, introduz-se um componente novo na injustiça ambiental generalizada no mundo (e em cada país), com a expansão da racionalidade econômico-mercantil engendrada pelo capitalismo. Afinal, a captação de água à superfície era, de certa forma, mais democrática, na medida em que a água estava ao alcance de todos, literal e materialmente. Com a captação de águas nos subterrâneos, os meios de produção — as bombas a *diesel* — se tornam *sine qua non conditio* e, como nem todos dispõem desses meios, a injustiça ambiental ganha novos contornos por meio do desigual acesso aos recursos hídricos.

Nos anos 1990, na América do Norte, 50% de todo o consumo dos habitantes foi obtido em águas subterrâneas, segundo a ONU (GEO 3, 2002: 153-4). Na China também é cada vez maior a proporção de águas captadas subterraneamente.

Se, de um lado, com a irrigação podemos aumentar a área de terras para a agricultura, é preciso considerar os vários lados dessa prática. Cerca de 20% dos solos irrigados no mundo estão hoje salinizados e, assim, impraticáveis para a agricultura (GEO 3, 2002: 154)! Em Madras, na Índia, a captação de águas subterrâneas levou a um rebaixamento de tal ordem do lençol freático que as águas salgadas avançaram pelo subsolo cerca de 10 quilômetros continente adentro, trazendo sérios problemas de abastecimento (*ibid.*).

Consideremos, ainda, que essa expansão generalizada da economia mercantil vem avançando sobre áreas como manguezais e outros *humedales*, áreas riquíssimas do ponto de vista das cadeias alimentares da vida, assim como sobre áreas florestais, que, como o exemplo da Amazônia, abrigam enorme quantidade de água em si mesmas. Essas áreas, em particular as florestas tropicais, cumprem um papel importantíssimo para o equilíbrio climático global pela umidade que detêm e, assim, contribuem para que as amplitudes térmicas, as diferenças entre as temperaturas máximas e as mínimas diárias e anuais, não aumentem ainda mais como vem ocorrendo, em grande parte pelo próprio desmatamento.

Retomemos, aqui, uma tese já avançada anteriormente, que assinala que, com a aplicação aos próprios meios de transportes do princípio da máquina a vapor, o deslocamento da matéria se tornou possível numa proporção que não mais dependia dos ventos e das calmarias, das marés e correntes marinhas, tampouco dos braços escravos que moviam as embarcações com seus remos e velas. Com isso, a injustiça ambiental se generaliza ainda mais, na medida em que, ao se deslocarem no sentido geográfico que as relações sociais e de poder determinam, as matérias escrevem uma geografia desigual dos proveitos e dos rejeitos. Afinal, a água circula não só pelos rios, pelo ar, com as massas de ar, ou pelos mares e correntes marinhas, mas também sob a forma social de mercadorias várias — tecidos, automóveis, matérias-primas agrícolas e minerais —, enfim, sob a forma de mercadorias tangíveis e, só assim, podemos entender o desequilíbrio hidrológico impulsionado pela lógica de mercado generalizada. Afinal, para se produzir um quilo de qualquer grão, seja de milho ou de soja, com as atuais técnicas agrícolas, são necessários mil litros de água! Um quilo de frango consome dois mil litros de água!

Fixemos a imagem de um caminhão frigorífico em plena Rodovia Transamazônica transportando frango produzido em Chapecó, Santa Catarina, para termos uma ideia do custo energético e hídrico desse frango, para a sociedade brasileira e o planeta como um todo! E isso para não falar do que significa para as populações locais dos lugares que importam esse frango que, por essa lógica, não servem nem para criar galinha! A racionalidade econômico-mercantil não poderia ganhar um exemplo mais radical de ineficiência ambiental global. Não olvidemos que, quando exportamos frango para a Europa e Oriente Médio, e o fazemos até mesmo de avião, estamos exportando energia e água. Não é demais repetir: um quilo de frango consome 2 mil litros de água! Quando essas regiões estiverem implicadas em algum estresse hídrico, como acontece cada vez com mais frequência, como recentemente em Santa Catarina, devemos ter em conta as limitações de qualquer especialista para dar conta dessa problemática, que, embora se manifeste em cada local de modo específico, está, na verdade, submetida a um processo global de desenvolvimento desigual mas combinado, como estamos vendo.

Basta se multiplicar por mil os milhões de toneladas de grãos de milho, de soja, de girassol, de algodão para sabermos a quantidade de água que está sendo importada pelos países para onde as relações sociais e de poder dirigem o fluxo dessas matérias. O mesmo raciocínio pode ser feito com o alumínio, o papel, a celulose. As indústrias e plantações altamente consumidoras de água, ou que nela lançam muitos rejeitos — como são os casos das indústrias de papel e celulose ou de bauxita-alumínio —, vêm se transferindo, desde os anos 1970, para os países ricos em matérias brutas (energia, minerais, solos, sol, água), de onde exportam o proveito e deixam os rejeitos. A ideologia do desenvolvimento abençoa essa lógica, para o que muito vêm contribuindo os organismos multilaterais (FMI, Banco Mundial e a OMC) com suas políticas de ajuste, fomento, ajuda e apoio.

Um exemplo concreto pode nos ajudar a fixar a tese central: a separação do minério de cobre numa jazida implica abandonar cerca de 99,5% da matéria revolvida como rejeito! Relembremos que, cada vez mais, se trabalha com *minerais raros* e o nome traz em si mesmo a proporção do que é útil e do que é rejeito! Separar os minerais raros exige água em proporções enormes e, assim, a revolução nas relações sociais e de poder implicada na nanotecnologia com sua desmaterialização e transmaterialização significa mais água por todo lado. A água é por todo lado um meio amplamente usado e, diferentemente de qualquer *commodity*, é insubstituível. Pode-se melhorar a eficiência de seu uso mas não se pode prescindir dela. Daí todo o significado de se considerar a vida como um outro estado da água e de tomar a sociedade, com todas as suas contradições, como parte do ciclo da água.

No Brasil, o avanço do agronegócio, sobretudo no Planalto Central com suas chapadas extensas e planas, não teria o sucesso econômico de curto prazo que vem obtendo não fossem desenvolvidas as técnicas de captação de água em grandes profundidades, que tornaram possível agricultar aquelas regiões antes ocupadas pelos cerrados.

Quase sempre se vem destacando a inegável contribuição da Empresa Brasileira de Pesquisa Agropecuária (Embrapa) no desenvolvimento de sementes e de todo um pacote tecnológico para a expansão do agronegócio nos cerrados. Recusemos aqui o mau raciocínio de *ou isso ou aquilo*, e chamemos a atenção para o fato de que, sem a água, nenhum cultivo é possível, e esse se constituía num dos principais fatores limitadores do cultivo nas chapadas do Planalto Central. O sucesso que vem obtendo esse modelo agrário-agrícola deverá ser mais bem avaliado num tempo outro, médio e longo, e não somente sob a lógica do curto prazo para saldar a eterna dívida externa. O aumento de áreas abandonadas pelo cultivo por desequilíbrio ecológico, como formação de ravinas e voçorocas, perda de solos por erosão, são maus indícios da insustentabilidade desse modelo. Não olvidemos que os cerrados onde hoje reina o agronegócio herdaram as maiores reservas hídricas do país, bastando observar que é de lá que partem importantes rios para diferentes bacias hidrográficas brasileiras. No dizer de Guimarães Rosa, o cerrado é "uma caixa-d'água". Um dos conflitos ambientais mais intensos vividos nessas regiões do Planalto Central está relacionado à questão da água, não pela sua escassez, haja vista ser abundante, mas sim aos conflitos de classe por apropriação e expropriação de terras e de águas. Ali, a água captada nas chapadas pelos pivôs centrais[42] rebaixa o lençol freático, fazendo secar rios, lagoas, brejos e *pantamos*, onde toda uma rica e diversificada (agri)cultura camponesa se desenvolve historicamente.

---

[42]Inclusive com baixíssima eficiência no seu uso, haja vista o enorme desperdício, cerca de 70% de perda por evaporação.

O exemplo dos cerrados do Planalto Central brasileiro é um caso emblemático das implicações socioambientais das demandas por água que se vêm colocando em todo o mundo com a expansão da economia mercantil nesse período neoliberal. A água, como se infiltra em tudo — no ar, na terra, na agricultura, na indústria, na nossa casa, em nosso corpo —, revela nossas contradições socioambientais talvez melhor que qualquer outro tema. Afinal, por todo lado onde há vida, há água. Atentemos, pois, que a vida deve ser entendida para além de sua dimensão estritamente biológica, posto que a água está presente na sociedade por todo lado — na (agri)cultura, no artesanato e na indústria. Nosso modo de comer, mesmo nas cidades, está em grande parte condicionado pelo modo como nossos alimentos são produzidos nos campos; nosso próprio abastecimento depende de barrar rios e mudar o destino e os destinatários da água (inclusive, para fins de energia). A questão da água, vê-se, urbaniza o debate sobre o sistema agrário-agrícola e, por meio da questão ambiental, põe em xeque todo o estilo de vida alimentado por um modo de produção que o estimula a acumular riqueza virtual — dinheiro — pondo com isso em risco a riqueza da água, da terra, do solo, da vida, na sua concretude.

## 23. De onde emergem as forças para enfrentar o desafio ambiental contemporâneo?

Aqueles que construímos o campo ambiental desde os anos 1960 e que vivemos seu momento maior ali nos finais dos anos 1980, no ápice do movimento indígena e camponês quando se destacara a liderança de Chico Mendes, ou na Conferência do Rio de Janeiro, em 1992, não podemos deixar de reconhecer o paradoxo de nunca termos visto tanto debate sobre a problemática ambiental e, ao mesmo tempo, ser tão grande a devastação do planeta desde os anos 1970. Além disso, temos que nos defrontar hoje com a hegemonia da lógica mercantil no campo ambiental, cujo domínio pudemos observar em Johannesburg em 2002, quando grandes corporações empresariais se sentiram à vontade na condução da agenda e, com suas propostas neoliberais, esvaziaram os compromissos dos Estados e do poder público em benefício do mercado e do papel das organizações não governamentais. Uma nova geopolítica vem sendo gestada, em que o meio ambiente vem se constituindo na espinha dorsal, como vimos.

Como salientamos em outro lugar (Leff, Argüeta, Boege e Porto-Gonçalves, 2002)

> (...) a geopolítica da biodiversidade e do desenvolvimento sustentável não só prolonga e intensifica os anteriores processos de apropriação destrutiva dos recursos naturais como, ao se configurar no contexto de uma globalização econômica, leva à desnaturalização da natureza — a transgênesis que invade e transmuta tecnologicamente a vida — e, com o discurso do desenvolvimento sustentável, promove uma estratégia de apropriação que busca *naturalizar* — dar carta de naturalização — à mercantilização da natureza. Nessa perversão do *natural* é que se jogam as controvérsias entre a economização da natureza e a ecologização da economia.

Assim, o discurso do ecodesenvolvimento tem sido diluído e, por meio de verdadeiras voltas à razão, se tem procurado ajustar as propostas ecologistas aos desígnios de uma racionalidade econômica crematística. Da crítica à própria ideia de desenvolvimento, tal como os ambientalistas a haviam formulado nos anos 1960-70, se passou ao ecodesenvolvimento e, depois, ao desenvolvimento sustentável e, por esses tortuosos caminhos, a própria ideia do desenvolvimento foi ressuscitada e, passados trinta anos da Conferência de Estocolmo e dez anos depois da Conferência do Rio de Janeiro, não só se têm intensificado os ritmos de exploração e transformação dos recursos, como têm surgido novas estratégias de intervenção na natureza, assim como novas manifestações de seus impactos e riscos ecológicos. Tanto no senso comum como na retórica oficial, manejam-se conceitos antes reservados aos meios científicos e acadêmicos, terminologia esta que se inscreve em novas estratégias epistemológicas que alimentam uma ecologia política e políticas ambientais, nas quais se expressam e se manifestam interpretações controversas e conflitos de interesses, assim como princípios e formas diferenciadas de reapropriação da natureza.

Os acordos multilaterais ambientais[43] (AMAs), não só não geram sinergias, como vêm servindo como biombo para processos de reconversão ecológica, que sob sua proteção e legitimação se fazem em nome do *desenvolvimento sustentável*. No fundo dos debates em torno dos AMAs está a controvérsia entre a racionalidade ecológica e a ética que subjazem às normas ambientais, e os princípios e regras da racionalidade econômica.

Há um *realismo político* que tem procurado, a todo custo, evitar disputas formais assim como prever e resolver os conflitos entre os regimes ambientais e comerciais. Nesses marcos, a incorporação das considerações ambientais na to-

---

[43] É todo um conjunto de convenções, tratados e acordos envolvendo vários países, em que se destacam a Convenção do Clima, em que está o famoso Protocolo de Kyoto; a CDB (Convenção de Diversidade Biológica); Ramsar; Desertificação; Agenda XXI; Lixo Tóxico...

mada de decisões dos assuntos econômicos e sociais tende a ceder e, deste modo, a aplicação das normas ecológicas e dos princípios ambientais se submetem aos regimes do livre comércio. Neste sentido, o que se vê é uma tendência para que se elaborem e apliquem instrumentos econômicos para a gestão ambiental e, deste modo, se reduz o *valor* da natureza a *preços*, contribuindo, desta forma, para que se estabeleça um mercado de bens e serviços ambientais.

Essas transações econômico-ecológicas — como o intercâmbio de dívida por natureza — operam em espaços e montantes marginais, de maneira que suas estratégias compensatórias não diminuem os efeitos destrutivos do predomínio da racionalidade econômica, do que o Banco Mundial vem sendo o principal promotor. Hoje em dia, o progresso tecnológico orientado para a reconversão ecológica está sendo capaz de diminuir os ritmos de produção de gases de efeito estufa, mas não de reverter um processo que já ultrapassou os umbrais do equilíbrio ecológico e tem começado a desencadear severos impactos no ambiente e na humanidade, sobretudo nas comunidades mais vulneráveis, mesmo nos países mais ricos. É o que pudemos assistir recentemente com a onda de calor que atingiu o verão de 2003 no hemisfério norte, onde mais de dez mil pessoas, sobretudo idosas, morreram na França, para não falar do apagão que atingiu o Canadá e os EUA.

A ineficácia dessas medidas tem levado a que propostas mais radicais se apresentem no horizonte político, como (1) a que desloca o debate da dívida externa para o da *dívida ecológica* que os países ricos têm para com os países pobres; e (2) o movimento pela *justiça ambiental*, que assinala que os rejeitos radiativos, assim como as poluições de um modo geral, acabam se localizando em lugares desvalorizados (ou fazendo com que os lugares poluídos sejam desvalorizados e, por isso, sejam lugares habitados por pobres e por pessoas que dispõem de um capital político pequeno nos marcos das instituições dadas e, por isso, enquanto movimento pela justiça ambiental, procuram reinventar outras relações sociais e com a natureza).

Embora seja praticamente impossível calcular o atual valor da dívida ecológica utilizando taxas de desconto retroativas, tanto como estabelecer um valor crematístico real aos bens e serviços ambientais, como tenta a economia ecológica, a demanda pelo pagamento da dívida ecológica é um recurso ideológico e político que, ao nomear a iniquidade histórica, alimenta movimentos de resistência à globalização neoliberal, nos incertos espaços e na insegura valorização dos princípios que movem as decisões e ações políticas para a sustentabilidade. Ao mesmo tempo, com a exigência de justiça ambiental, introduzem um componente ético e moral que sinaliza a necessidade de instituirmos outros valores, outras racionalidades.

A economia política constituída na relação da força de trabalho, do capital e da terra tem se deslocado nos últimos anos para uma ecologia política na qual os antagonismos das lutas sociais se definem em termos de identidades, territorialidades e processos de sustentabilidade. As relações de produção e as forças produtivas já não se estabelecem somente entre o capital e o proletariado industrial — entre capital, trabalho e tecnologia —, e se redefinem em suas relações com a natureza por meio de outros protagonistas. No novo discurso sobre a biodiversidade e o desenvolvimento sustentável, os conceitos de território, de autonomia e de cultura têm sido convertidos em conceitos políticos que questionam os direitos de cada ser e as formas de apropriação produtiva da natureza (Leff, 2001; Porto-Gonçalves, 2001; Escobar, 1997; Leff, Argüeta, Boege e Porto-Gonçalves, 2002).

[os porquês da desordem mundial]

O ano de 1492 inaugurou um sistema-mundo moderno-colonial (Wallerstein, Lander, Quijano, Coronil, Walsh, Mignolo, Porto-Gonçalves e tantos outros) que vem tentando impor uma mesma racionalidade econômica crematística bem expressa na ideia de dominação da natureza. Distintas racionalidades foram, até aqui, desqualificadas como sendo atrasadas, exatamente porque se caracterizam, entre outras coisas, por manter relações com a natureza não mediadas por uma racionalidade instrumental, mercantil e que separa sujeito e objeto. Afinal, desenvolver-se era, como vimos, des-envolver e, assim, sair do envolvimento, do *environment*. Ora, é da crise desse des-envolvimento que emergem outros protagonistas que sinalizam para outras racionalidades, para outras relações com o nosso entorno, para outros envolvimentos.

Enfim, questionar a *dominação da natureza*, o desafio ambiental em toda a sua complexidade, é (1) estar no centro da crítica do modo de organização societário que aí está e, ao mesmo tempo, (2) é colocar no centro do debate todos aqueles que, assimilados à natureza, foram dominados, oprimidos e explorados, na medida em que o progresso e o desenvolvimento autorizam a *dominação da natureza*! São os indígenas, os negros, as mulheres, os camponeses, os povos africanos, os povos asiáticos, os povos latino-americanos e caribenhos, os deficientes físicos, os idosos, as crianças, os gays, os jovens, os operários, enfim, todos aqueles que, de um modo ou de outro, foram submetidos *por natureza*, seja porque eram preguiçosos, atrasados (só não se sabe, ao certo, quem tem o relógio com a hora certa do mundo), como os povos da África, da Ásia, da América Latina; seja porque eram selvagens, isto é, da selva (*natureza*) como os indígenas; seja porque teriam uma idade (*biológica*, portanto, *natureza*) já avançada (velhos), precoces (crianças) ou, ainda, inexperientes (jovens); seja porque eram de um gênero *biologicamente* (novamente a natureza) frágil (mulheres); seja porque a *própria natureza* já os fez deficientes; seja porque a raça, pseudoconceito *natural*, seria inferior, caso dos negros; seja porque, *por natureza*, seriam rudes e, por isso, fadados ao trabalho manual e incapacitados para as funções tidas como superiores, como os operários e os camponeses e, enfim, a *própria natureza*, que seria uma fonte inesgotável de recursos a ser posta a serviço do homem (e menos, como é sabido, das mulheres).

O processo de integração capitalista mundial atingiu, nas três últimas décadas, um patamar tal que acabou por integrar de modo mais complexo as desigualdades que sustentavam sua própria dinâmica. A busca incessante de lucros, aproveitando-se, inclusive, das diferentes taxas de exploração dos trabalhadores e da natureza, com as diferentes fertilidades das terras, dos solos e teores dos subsolos, vendo em tudo que é direito social e coletivo, construído desigualmente nos diferentes "contêineres de poder" que são os Estados nacionais (Giddens), um obstáculo ao seu livre curso, não só aumentou o poder de quem já o concentrava como, contraditoriamente, unificou as diferenças e as desigualdades dos que sofreram seus efeitos. Ensejou, enfim, a possibilidade de que os "de baixo" de todo o mundo se unissem em Porto Alegre no Fórum Social Mundial, em Seattle, em Cancún, em Gênova, em Chiapas.

Essa integração mundial das lutas de classes, nas suas diferentes facetas culturais e de gênero, nos obriga a repensar com outros fundamentos (quais?) a questão nacional. Não é mais possível pensar essa questão com maniqueísmo. Ainda nos assustamos quando ouvimos alguém dizer que a água, ou a biodiversidade, deve ser tratada como patrimônio da humanidade e, logo, identificamos aí os interesses dos países ricos na Amazônia, por exemplo. O italiano Riccardo Petrella (2001) nos alerta que, exatamente por ser patrimônio da humanidade, a água, o ar ou o conhecimento são recursos que não podem ser privatizados, seja para os nacionais, seja para as transnacionais. Petrella, inclusive, nos chama a atenção para o fato de que muitas das elites dominantes dos países pobres invocam a soberania nacional para, no momento seguinte, privatizar os recursos, quase sempre para grupos empresariais dos países ricos.

O professor Riccardo Petrella sugere, ainda, que busquemos um novo sujeito de direito, além do Estado e do indivíduo, que seria a humanidade. Com base nele, por exemplo, nós, brasileiros, por habitarmos essa parte do planeta tão rica em biodiversidade, em energia solar e em água, deveríamos dispor, como parte da humanidade que somos, das melhores condições materiais e técnicas de que a própria humanidade dispõe para podermos gerir esses recursos sem os quais a própria espécie, de que somos parte, sobrevive. Afinal, a convivência com esses recursos nos proporcionou um saber próprio forjado no contato que deve ser incorporado e considerado enquanto patrimônio da humanidade na sua especificidade.

Para isso, todavia, haveremos de pensar e agir com a energia compatível à gravidade dos problemas que o capitalismo, sobretudo na sua fase neoliberal, está submetendo a humanidade e o planeta, e buscarmos uma total mudança nas estruturas de poder existentes no cenário internacional, onde, como nos ensinou Eduardo Galeano, os países que têm o poder de veto no Conselho de Segurança da ONU são, justamente, os maiores exportadores de armas do mundo e, portanto, os maiores fomentadores das guerras! Haja segurança!

Para isso, não esqueçamos o alerta de um dos maiores incentivadores do Fórum Social Mundial, o linguista norte-americano Noam Chomsky (2002):

Eu me preocupo muito com essa ideia de internacionalização da Amazônia porque, em termos objetivos, significa colocá-la nas mãos dos interesses do tesouro americano e do Banco Mundial. Isso é o que eles chamam internacionalização. No entanto, eu penso que a preservação da riqueza humana, da vida e a questão da diversidade biológica devam ter extrema prioridade.

A ideia de Petrella, com a ressalva de Chomsky, aponta uma luz num caminho que pode ser longo mas que, com certeza, está mais perto pelo simples fato de ter sido formulado, o que nos indica que tem sentido e que esse sentido é parte desse mundo cada vez mais integrado, ainda que de maneira contraditória.

A configuração de novas territorialidades não só nos coloca diante da necessidade de repensar novas grafias na terra (geo-grafias) a partir das atuais, sobretudo os Estados nacionais, mas também nos concita a buscar outros limites para além dos que estamos habituados, como os limites entre o rural e o urbano, entre conhecimento científico e outros saberes, tudo isso, diga-se de passagem, em íntima relação com a questão dos direitos, dos poderes, das culturas.

A questão agrário-agrícola, por meio dos transgênicos, não sem sentido vem assumindo uma dimensão importante, até porque envolve toda a questão do conhecimento e sua democratização, enfim, do respeito à diversidade cultural. Nela está embutida a questão do modo de comer de cada cultura. Afinal, é na cozinha que o cru é transformado em cozido, a natureza, em cultura. A Via Campesina vem se constituindo num movimento extremamente importante ao defender não só o direito de comer, mas de comer de acordo com cada cultura, daí o enfrentamento do McDonald's e da Monsanto no mesmo movimento crítico. Afinal, trata-se da comida nossa de cada dia, com o direito à paisagem — quem diria?

— como condição de qualidade de vida. Nossos hábitos, nossos hábitats.

Assim, não podemos mais pensar o indígena ou o camponês ou uma comunidade afrodescendente nos seus *pallenques* e quilombos como o atraso a ser superado. Surpreendendo a muitos que viam nessas populações a expressão dos localismos e do atavismo conservador, o que vemos nesse mundo de novas territorialidades em gestação é que até mesmo uma internacional camponesa se constitui, como a Via Campesina, colocando para todos que o urbano não mais se restringe à cidade. É todo o espaço que está envolvido, é todo o planeta que está implicado.

Afinal, as gerações futuras, a nossa prole — que é de onde vem etimologicamente proletariado —, dependem de uma nova relação com a natureza, só possível, sabemos, sob novas relações sociais entre os homens e, aqui com toda a força, entre os homens e mulheres entre si. A força do ambientalismo está em não se dissociar desse movimento geral.

Talvez aqui comecemos a entender por que o desafio ambiental é o único que se coloca para além das fragmentações tão em voga, na medida em que implica uma verdadeira revolução cultural. Como se vê, o desafio ambiental é mais complexo do que vem sendo posto no debate midiático e, até mesmo, científico. Requer uma profunda reflexão de caráter filosófico para entender o sentido do nosso tempo, o sentido da vida, enfim, o destino da *pólis* que é, também, a *physis*! Se política é a arte de definir os limites, como acreditavam os gregos, é essencialmente político o desafio ambiental de nosso tempo — afinal, o desafio ambiental se resume à ideia de que há limites para a relação da humanidade, por meio de cada sociedade, com o planeta!

Tudo nos estimula a buscar uma outra relação da sociedade com a natureza, em que a justiça social e a sustentabilidade ecológica se façam por meio da liberdade, em que todos tenham direitos iguais para afirmarem a sua diferença! Que a diversidade biológica e cultural, na igualdade e na diferença, seja vista como o maior patrimônio da humanidade! O mundo está grávido disso, é só ficarmos atentos àqueles que lutam por uma outra globalização.

# [ BIBLIOGRAFIA ]

**ALTVATER, E.** (1995), *O preço da riqueza*, São Paulo, Editora Unesp.
Angel Maya, A. (2000), *La aventura de los símbolos — Historia del pensamiento ambiental*, Série *Construyendo el Futuro*, n° 2, Bogotá, Ecofondo.
Arendt, H. (1989), *A condição humana*, Rio de Janeiro, Forense Universitária.
Aristóteles. (1972), *Aristóteles,* São Paulo, Abril Cultural. Coleção Os Pensadores.

**BACKWELL, B. e STEFANONI, P.** (2003), "¿Soja solidaria o apartheid alimentario?El negocio del hambre en Argentina", Buenos Aires, *Le Monde Diplomatique*, n° 44, fevereiro.
Barnet, R.J. e Müller, R. (1974), *Poder global: a força incontrolável das multinacionais*, Rio de Janeiro, Record.
Baumel, C. P., Mcvey, M. J. e Wisner, R.N. (2001), "Impact of Brazilian Soybean Competition on Lock Extensions on The Upper Mississippi River", Iowa, Iowa State University.

**CECEÑA, A. E.** (2001), "La territorialidad de la dominación. Estados Unidos y América Latina", Revista *Chiapas*, México, UAM, n° 12.
Chomsky, N. (2002), *O lucro ou as pessoas? O neoliberalismo e ordem global*, Rio de Janeiro, Bertrand Brasil.
——, Conferência no Fórum Social Mundial, Porto Alegre.
Coica (2003), Documento da reunião do Conselho de Coordenação e do Conselho Diretivo da Coordenadoria das Organizações Indígenas da Bacia (Cuenca) Amazônica (Coica) com representantes de 400 povos indígenas. Quito/Equador, de 7 a 11 de abril.
Cordeiro, R. C. (1995), *Da riqueza das nações à ciência das riquezas*, São Paulo, Loyola.

DEAK, A. (2003), "Transgênicos: As raízes do problema". Publicado originalmente no *site* www.emcrise.com.br e na *Revista Diálogos & Debates*, São Paulo, abril.

ESCOBAR, Arturo (1997), "Cultural Politics and Biological Diversity: State, Capital and Social Movements in the Pacific Coast of Colombia", em FOX, R. e STARN, O. (eds.), *Between Resistance and Revolution: Cultural Politics and Social Protest*, Piscataway Rutgers University Press.

Espinoza, B. (1973), *Espinoza,* São Paulo, Abril Cultural, Coleção Os Pensadores.

FRIENDS OF THE EARTH (2001), "Pela eliminação progressiva do financiamento de instituições financeiras internacionais para os projetos de mineração e combustíveis fósseis — em favor da autodeterminação das comunidades locais". Documento distribuído no Fórum Social Mundial, Porto Alegre.

Funtowicz, S. e De Marchi, B. (2000), "Ciência posnormal, compleijidad reflexiva y sustentabilidad", em LEFF, E. (coord.), *La complejidad ambiental*, México, Siglo XXI/Pnuma.

GALLINKIN, M. (2002), "Uso de instrumentos econômicos para defesa do bioma Cerrado". Texto para discussão no seminário Fronteiras Agrícolas/Soja. Goiânia, Coalizão Rios Vivos, Fundação Cebrac e Ifas, mimeo.

Gao (2003), "Technology Transfer. NIH-Private Sector Partnership in the Development of Taxol", www.gao.gov/new.items/d03829.pdf ].

Geo 3. Perspectivas do Meio Ambiente Mundial (2002), Pnuma, Mundi-Prensa.

KELMAN, J. (2003), "O desafio de levar água para todos", Rio de Janeiro, Revista *Senac e Educação Ambiental*, ano 12, n° 1, janeiro/abril, pp. 8-12.

Kennedy, P. (1988), *Ascensão e queda das grandes potências — Transformação econômica e conflito militar de 1500 a 2000*, Rio de Janeiro, Campus.

Klein, N. (2001), "*La invisible guerra de los organismos modificados*", [www.lainsignia.org/2001/agosto/ecol@001.htm].

**LEFF**, Enrique (org.) (2000), *La complejidad ambiental*, México, Siglo XXI/Pnuma.

——. (2001), *Saber ambiental*, Petrópolis, Vozes.

Leff, E., Argüeta, A., Boege, E., Porto-Gonçalves, C.W. "Más allá del desarrollo sostenible: La construcción de una racionalidad ambiental para la sustentabilidad: Una visión desde América Latina", em *La transición hacia el desarrollo sustentable. Perspectivas de América Latina y el Caribe*, México, Pnuma/INE-Semarnat/UAM, pp. 479-578.

Lopes, Reinaldo José (2003), "Semente de línguas". *Folha de S. Paulo*, Caderno Mais, 4 de maio, p.16.

**MARI**, E. (2000), El ciclo de la Tierra. Minerales, materiales, recliclado, contaminación ambiental, Buenos Aires e México, Fondo de Cultura Económica.

Marín, Javier (2003), "Las huellas territoriales de la intervención desarrollista", Revista *TRAZA*, Colômbia, 18 de abril.

Mazoyer, M. (2001), *"Defendiendo al campesinado en un contexto de globalización"*, Roma, FAO.

Müller-Plantenberg, C. (1994). "As precondições de previsão: conhecimentos da população acerca das cadeias de impacto de alumínio na Amazônia", em D'INCAO, M. A. e SILVEIRA, I. M (orgs.), *A Amazônia e a crise da modernização,* Belém, Museu Paraense Emilio Goeldi.

Mumford, L. (1982), *Técnica y civilización,* Madri, Alianza Editorial.

**O GLOBO** (2003), "Campanha busca salvar a água da extinção". Caderno *Ciência e Vida*, 2 de junho.

**PÁDUA, J. A**. (2003), "Produção, consumo e sustentabilidade: o Brasil e o contexto planetário", *Cadernos de Debate, do Projeto Brasil Sustentável e Democrático*, Rio de Janeiro, nº 6, 2ª ed.

Paringaux, Roland-Pierre (2000), "De la complicité avec les dictatures au 'capitalisme éthique'. 'Business', pétrole et droits humains", *Le Monde Diplomatique*, dezembro, p. 4-5.

Petrella, Ricardo. (2001), Conferência pronunciada no Fórum Social Mundial. Porto Alegre.

——. (2003), Entrevista concedida a Verena Glass da Agência Carta Maior durante o I Fórum Alternativo da Água, Florença, 24 de março.

Porto-Gonçalves, C.W. (1989), *Os (des)caminhos do meio ambiente*, São Paulo, Contexto.

——. (2001), *Amazônia, Amazônias*, São Paulo, Contexto.

——. (2002), "Latifundios genéticos y existencia indígena". Revista *Chiapas*. México, UAM / Ed. Era, 14, p. 7-30.

——. (2004), "Democracia e violência no campo: o que nos dizem os dados de 2003", *Conflitos no campo — BRASIL — 2004*, Goiânia, Loyola e CPT.

**QUIJANO**, Anibal (2002), *"El nuevo imaginario anticapitalista"*, [www.faces.ucv.ve/administracion/quijanoa].

**RULLI, J. E.** (2002), "La biotecnología y el modelo rural en los orígenes de la catástrofe argentina", *La Rebelión*, 19 de setembro.

**SANTAMARTA**, José (2002), *"La crisis de la biodiversidad"*, [www.nodo50.org/worldwatch/ww/htm/02-15.html].

Santos, Boaventura de S. (2002), *Democratizar a democracia — Os caminhos da democracia participativa*, Rio de Janeiro, Civilização Brasileira.

Santos, Laymert Garcia dos (1998), "Tecnologia, natureza e a 'redescoberta' do Brasil". em ARAÚJO, H. R. de, *Tecnocência e cultura — Ensaios sobre o tempo presente*, São Paulo, Estação Liberdade.

Santos, M. (1996), *A natureza do espaço*, São Paulo, Hucitec.

Shiva, V. (2001), *Biopirataria: a pilhagem da natureza e do conhecimento*, Petrópolis, Vozes.

**TEITELBAUM**, Alejandro (2003), "Las grandes Ong y las sociedades transnacionales", [http://alainet.org/active/show@text.php3?key=4242].

Thompson, E. P. (1998), *Costumes em comum. Estudos sobre a cultura popular tradicional*, São Paulo, Companhia das Letras.

Toledo, V. M. (2000), *La paz en Chiapas: ecología, luchas indígenas y modernidad alternativa*, México, Quinto Sol.

**VAN DAM** (2002), "La Economía de la Certificación Forestal: ¿desarrollo sostenible para quien?", Conferência apresentada no Congreso Iberoamericano de Desarrollo y Medio Ambiente —

*Desafíos locales ante la globalización*, Quito/Equador, FLACSO, mimeo.

Varese, S. (1991), "The Ethnopolitics of Indian Resistance in Latin America", *A Working Paper from the Center for International Studies*, Cambridge, Massachusetts Institute of Technology.

# Carlos Walter Porto-Gonçalves

Doutor em Geografia pela Universidade Federal do Rio de Janeiro; coordenador do Programa de Pós-graduação em Geografia da Universidade Federal Fluminense; ex-presidente da Associação dos Geógrafos Brasileiros (1998-2000); Pesquisador do CNPq. É autor de diversos artigos — publicados em revistas científicas nacionais e internacionais — e livros, os mais recentes: *Geografando — Nos varadouros do mundo: da territorialidade seringalista (o seringal) à territorialidade de seringueira (a reserva extrativista)* (Ibama, 2004); "A geograficidade do social", em Seoane, José (org.), *Movimientos sociales y conflicto en América Latina* (Clacso, 2003); "Da geografia às geo-grafias: um mundo em busca de novas territorialidades*", em Sader, Emir e Ceceña, Ana Esther (orgs.), *La guerra infinita: hegemonía y terror mundial* (Clacso, 2002); *Amazônia, Amazônias* (Contexto, 2001); *Geo-grafías: movimientos sociales, nuevas territorialidades y sustentabilidad* (Siglo XXI, 2001).

Este livro foi composto na tipologia Classical
Garamond Bt, em corpo 9,5/14, e impresso em papel
Off-set 90g/m² no Sistema Digital Instant Duplex
da Divisão Gráfica da Distribuidora Record.